世界哲學家叢書

揚　雄

陳福濱 著

1993

東大圖書公司印行

國立中央圖書館出版品預行編目資料

揚雄／陳福濱著. --初版. --臺北市：
　東大出版：三民總經銷，民82
　　面；　公分. --(世界哲學家叢書)
　參考書目：面
　含索引
　ISBN 957 19-1480-0 (精裝)
　ISBN 957 19-1481-9 (平裝)

　1.(漢)揚雄-學識-哲學

122.5　　　　　　　　82000997

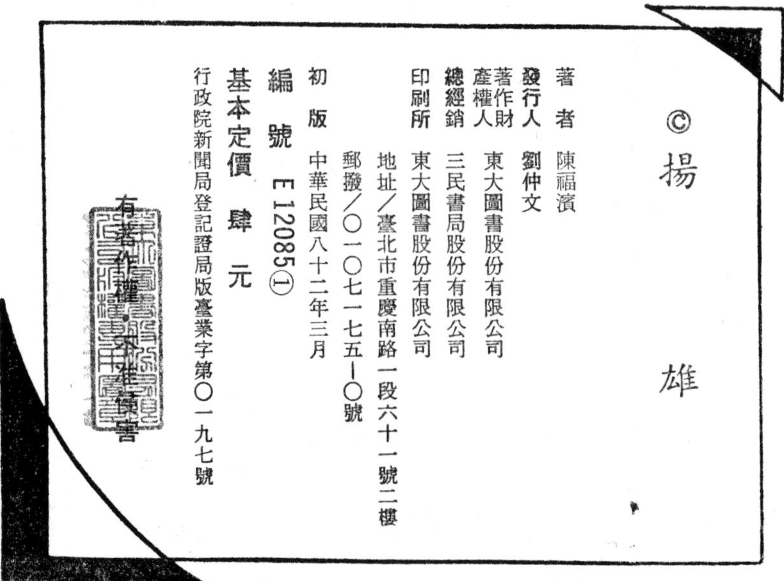
©揚　雄

著　者　陳福濱
發行人　劉仲文
著作財產權人　東大圖書股份有限公司
總經銷　三民書局股份有限公司
印刷所　東大圖書股份有限公司
地址／臺北市重慶南路一段六十一號二樓
郵撥／〇一〇七一七五—〇號
初　版　中華民國八十二年三月
編　號　E 12085①
基本定價　肆　元
行政院新聞局登記證局版臺業字第〇一九七號

ISBN 957-19-1480-0 (精裝)

「世界哲學家叢書」總序

本叢書的出版計畫原先出於三民書局董事長劉振強先生多年來的構想，曾先向政通提出，並希望我們兩人共同負責主編工作。一九八四年二月底，偉勳應邀訪問香港中文大學哲學系，三月中旬順道來臺，即與政通拜訪劉先生，在三民書局二樓辦公室商談有關叢書出版的初步計畫。我們十分贊同劉先生的構想，認爲此套叢書（預計百册以上）如能順利完成，當是學術文化出版事業的一大創舉與突破，也就當場答應劉先生的誠懇邀請，共同擔任叢書主編。兩人私下也爲叢書的計畫討論多次，擬定了「撰稿細則」，以求各書可循的統一規格，尤其在內容上特別要求各書必須包括 (1) 原哲學思想家的生平；(2) 時代背景與社會環境；(3) 思想傳承與改造；(4) 思想特徵及其獨創性；(5) 歷史地位；(6) 對後世的影響（包括歷代對他的評價），以及 (7) 思想的現代意義。

作爲叢書主編，我們都了解到，以目前極有限的財源、人力與時間，要去完成多達三、四百册的大規模而齊全的叢書，根本是不可能的事。光就人力一點來說，少數教授學者由於個人的某些困難（如筆債太多之類），不克參加；因此我們曾對較有餘力的簽約作者，暗示過繼續邀請他們多撰一兩本書的可能性。遺憾的是，此刻在政治上整個中國仍然處於「一分爲二」的艱苦狀態，加上馬列教條的種種限制，我們不可能邀請大陸學者參與撰寫工作。不過到目前爲止，我們已經獲得八十位以上海內外的學者精英全力支持，包括臺灣、香港、新加坡、澳洲、美國、西德與加拿大七個地區；難得的是，更包括了日本與大韓民國好多位名流學者加入叢書作者的陣容，增加不少叢書的國際光彩。韓國的國際退溪學會也在定期月刊「退溪學界消息」鄭重推薦叢書兩次，我們藉此機會表示謝意。

原則上，本叢書應該包括古今中外所有著名的哲學思想家，但是除了財源問題之外也有人才不足的實際困難。就西方哲學來說，一大半作者的專長與興趣都集中在現代哲學部門，反映著我們在近代哲學的專門人才不太充足。再就東方哲學而言，印度哲學部門很難找到適當的專家與作者；至於貫穿整個亞洲思想文化的佛教部門，在中、韓兩國的佛教思想家方面雖有十位左右的作者參加，日本佛教與印度佛教方面卻仍近乎空白。人才與作者最多的是在儒家思想家這個部門，包括中、韓、日三國的儒學發展在內，最能令人滿意。總之，我們尋找叢書作者所遭遇到的這些困難，對於我們有一學術研究的重要啟示（或不如說是警號）：我們在印度思想、日本佛教以及西方哲學方面至今仍無高度的研究成果，我們必須早日設法彌補這些方面的人才缺失，以便提高我們的學術水平。相比之下，鄰邦日本一百多年來已造就了東西方哲學幾乎每一部門的專家學者，足資借鏡，有待我們迎頭趕上。

以儒、道、佛三家爲主的中國哲學，可以說是傳統中國思想與文化的本有根基，有待我們經過一番批判的繼承與創造的發展，重新提高它在世界哲學應有的地位。爲了解決此一時代課題，我們實有必要重新比較中國哲學與（包括西方與日、韓、印等東方國家在內的）外國哲學的優劣長短，從中設法開闢一條合乎未來中國所需求的哲學理路。我們衷心盼望，本叢書將有助於讀者對此時代課題的深切關注與反思，且有助於中外哲學之間更進一步的交流與會通。

最後，我們應該強調，中國目前雖仍處於「一分爲二」的政治局面，但是海峽兩岸的每一知識分子都應具有「文化中國」的共識共認，爲了祖國傳統思想與文化的繼往開來承擔一分責任，這也是我們主編「世界哲學家叢書」的一大旨趣。

傅偉勳　韋政通

一九八六年五月四日

自　序

揚雄早年論《賦》，中年草《玄》，晚年定《法言》，歷經一生；所談論之內容上至天文，下至地理，中及人事；凡是古今之變，性命之理，經傳嫌疑，習俗是非，人才臧否，無不澄心留意地加以一一論定；其所撰論著，爲後人留下緬懷史實、思想佐證之資料，雖非風雨名山之業，金匱石室之書，但在我國學術史上，亦可謂千載之盛事，不朽之事業；因此其著作立言，承志繼業，蹈孔、孟之跡，闡發先聖先賢之學，實具深遠之意義與影響。

漢興，承秦滅學之後，景、武之世，董仲舒治《公羊春秋》，附以陰陽之説爲儒者宗。故自武帝採董仲舒議，罷黜百家，獨尊儒術以後，天人感應之説盛行，陰陽五行之論大興，讖緯符命充斥朝野，虛妄異説泛濫社會。更有甚者，因著五經博士知識活動之範圍狹隘，而博士儒生以經學爲獵取利祿之工具。在此一時代背景下，揚雄能自覺地與之劃分界限，並企圖恢復儒學眞精神，扭轉學風，宏揚孔、孟思想，終至成爲有漢一代重要的思想家，自有其特殊之意義。本書乃依據揚雄所撰寫之《太玄經》與《法言》兩本論著，作一哲學思想之探索；其主題之選擇著重在哲學思想之闡述，包括了：形上天道論、知識與方法、人性與教養、歷史與政治、評諸子與反迷信等重要的分析，以期了解揚雄思想之眞貌。

筆者自哲學研究所畢業後，承蒙師長之厚愛，留於母校忝為哲學系教師，教授有關中國哲學方面之課題，擔任「中國哲學史」、「兩漢哲學」、「明代理學」等課程，其均與吾所撰寫之碩、博士論文相關。後並蒙傅偉勳教授之美意，為三民書局撰寫「世界哲學家叢書」中之《揚雄》一書，對教授「兩漢哲學」有相當的助益，實甚感激。本書寫作之時，參考了許多博雅賢者對揚雄之論作，而取法良多；然筆者才疏學淺，行文亦拙，疏陋之處，尚祈時賢不吝賜教指正為盼!

陳福濱　謹識

一九九三年一月

揚　雄　目次

第一章　揚雄的生平與著作

一、生　平

揚雄，字子雲，蜀郡（四川）成都人，西漢末年的思想家和文學家，生於漢宣帝甘露元年，戊辰（西元前五十三年），卒於新莽天鳳五年，戊寅（西元十八年），年七十一歲。

揚雄的姓氏，究竟是從木還是從手？歷代各家眾說紛紜，莫能辨正；有從其世系著眼，依考證之立場，主張從木而不從手者，如：顧亭林（1613～1682）、段玉裁（1735～1815）、王念孫（1744～1832）等人❶，近人蔣伯潛《諸子通考》也採取這樣的說法；有主張「楊」、「揚」二字通用者，如：李慈銘（？～1894）、王先謙（1842～1917）、汪榮寶等人❷，採此說者多主張《漢書》從木從手之字，類多通作，且各本互異，或謂其同聲通用，乃古書之常例；今人徐復觀〈揚雄論究〉一文，對「揚」

---

❶ 見顧亭林《日知錄・卷二十三・氏族相傳之訛》，段玉裁、王念孫二家之說見《補注》，另見汪榮寶《法言義疏一》。

❷ 見李慈銘《越縵堂讀書記》，王先謙《漢書補注》，汪榮寶《法言義疏一》。

字多所考證辨解❸，亦自有其定見。然揚、楊通用，似不必拘泥，本書採從「揚」字爲揚雄之姓氏。

據《漢書・揚雄傳》引揚雄所作〈自序〉，揚雄五世祖揚季「官至廬江太守」，漢元鼎年間因避仇而遷居嶓山之南的郫縣（今四川省郫縣），「有田一壥，有宅一區，世世以農桑爲業」，從揚季到揚雄，五世惟傳一子。揚雄「少而好學」，「博覽無所不見」，生性恬淡，不慕名利，尙清靜無爲，且少有嗜欲，因爲「口吃不能劇談」，所以「默而好深湛之思」，家境窮困，「家產不過十金，乏無儋石之儲」，卻依舊能安之若素，既不汲汲於富貴，也不戚戚於貧賤，安貧樂道，好聖哲之書，非其意雖富貴亦不事之。在揚雄少壯的時候，非常喜好辭賦，漢武帝時，蜀人司馬相如（前 179～前 118）善於作賦，揚雄欽慕司馬相如所作辭賦「弘麗溫雅」，因此他寫作賦就以司馬相如的賦爲模範，故「常擬之以爲式」。至於屈原（前 343～前 277）更是爲他所景仰，他深怪「屈原文過相如」，竟不能見容於世，終至投江而死，所以每當讀到〈離騷〉時，沒有不流淚涕泣的，於是作了〈反離騷〉投諸江流，以弔屈原；並且另外又作了〈廣騷〉、〈畔牢愁〉兩篇賦❹，而這三篇賦也就是揚雄早年所作的名賦。

揚雄又作〈成都城四隅銘〉等，蜀人楊莊將它推薦給漢成帝，成帝以其文章似司馬相如，於是召揚雄於承明殿待詔。揚雄

---

❸ 見徐復觀《兩漢思想史・卷二・揚雄論究》，臺北，學生書局，民國七十四年三月三版，頁 439～449。

❹ 《漢書・揚雄傳》僅見〈反離騷〉，傳云:「〈畔牢愁〉、〈廣騷〉文多不載，獨載〈反離騷〉。」

在〈答劉歆書〉中說：「雄始能草文，先作〈縣邸銘〉、〈玉佴頌〉、〈階闥銘〉及〈成都城四隅銘〉，蜀人有楊莊者，爲郎，誦之於成帝，成帝好之，以爲似相如，雄遂以此得見。」《漢書·揚雄傳》說：「孝成帝時，客有薦雄文似相如者，上方郊祠甘泉泰畤（祭天），汾陰后土（祭地），以求繼嗣，召雄待詔承明之庭。」這裡所稱的「客」指的就是楊莊。成帝元延二年（西元前十一年）正月獻〈甘泉賦〉，三月又獻〈河東賦〉，十二月獻〈校獵賦〉，元延三年獻〈長楊賦〉，這些也就是揚雄所作最著名的「四賦」。揚雄寫賦，意在諷諫，在《漢書·揚雄傳》中，他敍述作賦的意圖，其言曰：

> 「甘泉本因秦離宮，既奢泰，而武帝復增通天、高光、迎風……遊觀屈奇瑰瑋，非木摩而不雕，牆塗而不畫，周宣所考，般庚所遷，夏卑宮室，唐虞棌椽三等之制也。……欲諫則非其時，欲默則不能已，故遂推而隆之，乃上比於帝室紫宮，若曰：此非人力之所能，黨鬼神可也……。」
>
> 「以爲昔在二帝三王，宮館臺榭沼池苑囿林麓藪澤財足以奉郊廟，御賓客，充庖廚而已，不奪百姓膏腴穀土桑柘之地。……文王囿百里，民以爲尚小；齊宣王囿四十里，民以爲大；裕民之與奪民也……。」

於此，可見揚雄以作賦來規勸當時的君王，勸他們應該效法唐、虞之節儉的作風；然而，用辭賦來諷諫，所得到的實際效果又能有多少呢？《漢書·揚雄傳》說：「雄以爲賦者，將以風也，必推類而言，極麗靡之辭，閎侈鉅衍，競於使人不能加也，既乃歸之於正，然覽者已過矣。往時武帝好神仙，相如上〈大人賦〉，欲以風，帝反縹縹有陵雲之志。繇是言之，賦勸而不止，明矣……。」由於作賦使用了許多麗靡之辭，讀後使人心神搖蕩，並不能收到實際之效果與益處；所以揚雄晚年作《法言》之〈吾子篇〉中說：「或問：吾子少而好賦；曰：然，童子雕蟲篆刻，俄而曰：壯夫不爲也。或曰：賦可以諷乎？曰：諷乎！諷則已；不已，吾恐不免於勸也。」吾人考察揚雄是以覃思極思的態度作賦，而且也是他早年的主要學術活動，《漢書・揚雄傳》中自述「輟不復爲」的理由有二：一是「賦勸而不止」，失去了諷諫的本義；二是「又頗似俳優淳于髡、優孟之徒」，有損人格的尊嚴；因此，他所悔而不爲的應該不是自抒懷抱的賦，所以後來也寫了〈解嘲〉、〈解難〉、〈太玄賦〉等篇文章❺；大致說來，揚雄晚年立言明教，似絕意於賦，不復多爲之而已矣！

獻〈長楊賦〉以後，揚雄的主要學術活動是集中在《太玄經》的寫作上，《漢書・揚雄傳》云：「哀帝時，丁、傅、董賢用事，諸附離之者，或起家至二千石。時雄方草《太玄》，有以自守，泊如也。」揚雄草撰《太玄》的過程中，曾寫了〈解嘲〉、〈太玄賦〉以及〈解難〉三篇文章，〈解嘲〉和〈太玄賦〉的內容，主要是在警惕人生禍福之無常，借用心於玄，以免向外馳騖而得禍；因此，他之所以草《玄》，在動機上，實在是隱於玄的；同時也在表明自己雖無祿位，亦寧守此《太玄》之心志，是他精神的一種寄託。又由於《太玄》的文字過於艱深難懂，有人恐怕讀了並不能了解，因著「客有難《玄》太深，眾人

---

❺ 同❸，頁 466～474。

之不好」而作〈解難〉，其所追求的是「馳騁於有無之際，而陶冶大鑪，旁薄羣生」，「發而爲閎言崇議，幽微之途，蓋難與覽者同也」，因此在內容上雖然艱深，但是「勢不得已」耳。《太玄》是一部模仿《周易》而作的書；《太玄》本文五千字，模仿《周易》的卦爻辭；此外又有〈首〉、〈衝〉、〈錯〉、〈測〉、〈攡〉、〈瑩〉、〈數〉、〈文〉、〈掜〉、〈圖〉、〈告〉等十一篇，構成了《太玄》的主要內容。

揚雄在完成了《太玄》之後，又模仿《論語》而撰寫了《法言》一書，共十三卷；這是他學術活動的第三個時期，《漢書·揚雄傳》引揚〈自序〉云：

> 「雄見諸子各以其知舛馳，大抵詆訾聖人，卽爲怪迂，析辯詭辭，以撓世事，雖小辯，終破大道而或眾，使溺於所聞而不自知其非也。及太史公記六國，歷楚漢，訖麟止，不與聖人同，是非頗謬於經。故人時有問雄者，常用法應之，譔以爲十三卷，象《論語》，號曰《法言》。」

由此觀之，《法言》的內容是對諸子批評儒學的反批評，一方面以扼要鉤玄的方式，破除怪迂之說；一方面闡揚他所把握到的以孔子（前 551～前 479）爲中心的思想，這本書由於能夠繼迹孔、孟，崇尚正道，排斥異端，無怪乎班固（32～92）有「自雄之沒至今四十餘年，其《法言》大行」之贊詞了。

揚雄晚年正當新莽篡漢，他在《法言·孝至篇》中稱讚王莽說：「周公以來，未有漢公之懿也，勤勞則過於阿衡。」後又作

〈劇秦美新〉一文❻，文中有「臣伏惟陛下以至聖之德」的頌詞；也因著由於揚雄對王莽的態度，而引發了不少的爭議❼，成爲後人批判的焦點；不過根據《漢書・揚雄傳》班固所作的贊說，於漢成帝、哀帝、平帝三朝，揚雄只不過是做個黃門郎的官職，而王莽篡漢時，許多人都以符命稱功德而封爵，但揚雄卻不肯附媚王莽求取祿位，其恬於勢利若是；後揚雄年事已高，久居黃門郎，王莽才將他轉遷爲中散大夫，在天祿閣從事校書的工作❽，此非諂諛阿媚所得也，同時我們在讀《法言》某些篇章時也可見刺莽思漢之辭❾，亦可見揚雄人格之一斑。天鳳五年，揚雄卒，弟子侯芭爲他負土作墳，號曰「玄塚」；綜觀揚雄一生，淡泊名利，不汲汲於祿位，著書立說有《辭賦》、《太玄》、《法言》、《方言》等傳於世，實爲漢代重要的文學家與思想家。

二、著　作

揚雄一生的學術活動，有早年「少而好賦」時期的《辭賦》，中年「草玄」時期的《太玄》，晚年的《法言》與《方言》等。

---

❻ 見《昭明文選》。

❼ 桓譚（前 40～32）《新論》、王充（27～104）《論衡》、李善（？～689）《文選注》、司馬光（1019～1086）《資治通鑑》等，對揚雄多所推崇與辯解。而朱熹（1130～1200）作《通鑑綱目》寫「莽大夫揚雄死」，其聲譽和人格才引起後人的懷疑。

❽ 依東漢應劭《風俗通義》序提到揚雄作《方言》，此書大約成於此時，雄年七十。

❾ 見〈重黎篇〉「或問秦楚既爲天典命矣」章、「忠不終而躬逆」章；〈孝至篇〉「由其德舜禹受天下不爲泰」章、「或問德有始而無終」章、「漢德其可謂允懷矣」章、「漢興二百一十載，而中天其庶矣」章等。

而《辭賦》、《太玄》、《法言》、《方言》構成了他學術著作的主要內容。《辭賦》中有〈甘泉〉、〈河東〉、〈校獵〉、〈長楊〉四賦最是有名，餘則不勝枚舉。《方言》則記載了古代不同方域的語彙，地域很廣，東起東齊海岱，西至秦隴涼州，北起燕趙，南至沅湘九嶷，東北至北燕朝鮮，西北至秦晉北鄙，東南至吳越東甌，西南至梁益蜀漢；這些方言語詞都是揚雄問到以後記下來的，對後人了解古代的音韻和訓詁，很有參考價值，清代的戴東原（1723～1777）、王念孫等人，曾爲這本書做疏證，因此《方言》❿給了清代以及現代語言學莫大的影響。本文僅就針對揚雄哲學著作之《太玄》與《法言》兩部書做一深入之研析。

1.《太玄》

揚雄的《太玄》，在結構上是模仿《周易》，在思想上則仿效老子（約前？～？）的「道」，他爲了表示有所創作，將《周易》的兩個基本符號「一」陽與「--」陰，以「玄」的三個基本符號「一」、「--」、「---」代替之，以「方、州、部、家」之名所成的八十一首，代替了《周易》的六十四重卦；並將老子的「道」稱爲「玄」，而《太玄》的三，即是來自老子所謂的「三生萬物」⓫，三也代表了「天、地、人」⓬；這些都表現了揚雄

❿ 今本《方言》，是晉郭璞（276～324）注，凡十三卷；《隋書・經籍志》、《新唐書・藝文志》著錄相同；但劉歆（前45～23）與揚雄往來的信件中說是十五卷，郭璞《方言注・序》也說是「三五之篇」，卷數和今本不同，當爲六朝時所改訂。

⓫ 見《老子・四十二章》。

⓬ 見《太玄・卷十・玄圖》言：「夫玄也者，天道也，地道也，人道也。」

思想中受道家及《周易》影響之成分。

《太玄》本文五千字，是模仿《周易》的卦爻辭；此外尙有〈首〉、〈衡〉、〈錯〉、〈測〉、〈攡〉、〈瑩〉、〈數〉、〈文〉、〈挩〉、〈圖〉、〈告〉等十一篇；〈玄首〉模仿〈象傳〉，〈玄測〉模仿〈象傳〉，〈玄文〉模仿〈文言〉，〈玄攡〉、〈玄瑩〉、〈玄挩〉、〈玄圖〉、〈玄告〉模仿〈繫辭〉，〈玄數〉模仿〈說卦〉，〈玄衝〉模仿〈序卦〉，〈玄錯〉模仿〈雜卦〉，以上這些篇章構成了《太玄》一書的主要內容。

《太玄》的內容構成一個以「三」、「四」、「九」爲基數的體系，這個結構體系包括了三方、九州、二十七部、八十一家，稱之爲「一首」；每家一首，每首四重；《太玄・卷十・太玄圖》云：「玄有一道，一以三起，一以三生。以三起者，方州部家也。以三生者，參分陽氣，以爲三重，極爲九營，是爲同本離生；天地之經也。旁通上下，萬物並也；九營周流，始終貞也。」此所謂「以三起」的意思，卽是說一玄三方，一方三州，一州三部，一部三家；依次以三分之，共得八十一家；「家」相當於《周易》中的重卦，每家定名，曰爲「一首」；每「首」又分九「贊」，猶《周易》之重卦各有六爻辭也，共有七百二十九贊。一贊爲一晝，一贊爲一夜，兩贊合而爲一日；七百二十九贊，應爲三百六十四又二分之一日，於是揚雄又加了「踦」和「嬴」兩贊，共爲三百六十五又二分之一日，比每年日數三百六十五又四分之一日，多出了一日的四分之一；這是以當時的天文學中渾天說爲其依據的，《漢書・揚雄傳》云：「而大潭思渾天，參摹而四分之，極於八十一。旁則三摹九據，極之七百二十九贊，亦自然之道也。」又云：「七百二十九贊，分爲三卷，曰一二三，與泰初曆相應，亦有顓頊之曆焉。」就是說明了上述的道理。《太玄》八十一首，始於「中」首（☰），〈玄首〉云：「八十一首，歲事咸貞。」〈玄圖〉云：「始於十一月，終於十月，羅重九行，行四十日。」揚雄企圖用《太玄》的八十一首來表示一年的變化過程，可見《太玄》本文是一部根據當時的天文曆法加以想像猜度而寫成的書，但在解釋《太玄》本文的〈玄首〉、〈玄攡〉、〈玄瑩〉等十一篇文章中，卻包含著一些哲學的見解，這個部分是值得我們去深入研究的。

揚雄在撰寫《太玄》的過程中，作〈解嘲〉一文，來回答人們對《太玄》的譏諷，〈解嘲〉云：「且吾聞之也，炎炎者滅，隆隆者絕。觀雷觀火，爲盈爲實。天收其聲，地藏其熱，高明之家，鬼瞰其室。攫拏者亡，默默者存。位極者宗危，自守者身全。是故知玄知默，守道之極。爰清爰靜，游神之廷。惟寂惟寞，守德之宅。」這句話說明了揚雄本人是樂於淸靜自守，甘於寂寞的；因而，草《玄》可說是他「自守」的一種方法，是他精神的一種寄託。《太玄》寫成之後，「觀之者難知，學之者難成」，人們都認爲過於艱深難懂，於是揚雄又寫〈解難〉一文，來爲自己辯解。其言曰：「發而爲閎言崇議，幽微之途，蓋難與覽者同也。昔人有觀象於天，視度於地，察法於人者，天麗且彌，地普而深，昔人之辭，乃玉乃金，彼豈好爲艱難哉？勢不得已也。」而希望有如「師曠之調鐘，俟知音者之在後也。」從揚雄寫〈解嘲〉、〈解難〉看來，一方面顯現出揚雄在草《玄》的過程中，惕厲自己用心於《玄》，以免向外馳騖，以之做爲「自守」之鵠的，並希望能有知音知其思想之宏偉；同時亦可以看出，他對於《太玄》一書是非常自負的，他的〈解嘲〉、〈解難〉近乎於自贊與自頌。但是，當我們研讀《太玄》時，卻發現的確有些文字很不容易懂，經常使用方言中不常見的字和假借的字；同時《太玄》仿《周易》亦多牽強未通之處⓭；然就論述宇宙變化之道的思想而言，還是值得我們一探究竟的。

2.《法言》

揚雄的《太玄》論述宇宙變化之道，《法言》則論究人生之道；《太玄》模仿《周易》，採取道家的思想，《法言》則模仿《論語》，採取儒家以其把握到的以孔子爲中心的思想。從《太玄》到《法言》，並不表示思想的直線伸展，而是表現思想的大反省⓮；根據《漢書・揚雄傳》言，他之所以要寫這部著作，主要是由於揚雄見諸子各家，彼此各逞其說，大抵都是詆毀聖人，要不然就是異辭巧辯，迂怪之說連篇，無非是想要阻撓時政，儘管這些言論只是小辯，但恐日久終會破壞大道。而且許多人受其迷惑，沉迷於此邪說中而不知其誤；同時又看到太史公記六國，歷經楚漢，以迄於獲麟爲止，不與聖人同是非，有背於經；正好當時有人問他，他就應之以法，將其回答之言彙整，而完成此一《法言》之著作。《法言》由〈學行篇〉第一、〈吾子篇〉第二、〈修身篇〉第三、〈問道篇〉第四、〈問神篇〉第五、〈問明篇〉第六、〈寡見篇〉第七、〈五百篇〉第八、〈先知篇〉第九、〈重黎篇〉第十、〈淵騫篇〉第十一、〈君子篇〉第十二、

⓭ 見明葉子奇《太玄本旨》。

⓮ 同❸，頁 501。

〈孝至篇〉第十三等十三篇所構成，另有〈序目〉以述各篇之宗旨。而十三篇的篇目是取篇首的第一句話之頭兩個字命名，並沒有什麼特殊的意義。

《法言》是擬《論語》而作的，就全書之文體而言，他是力追《論語》的，揚雄在寫《法言》時，已力圖擺脫賦體的鋪排繁縟，但用奇字，造新句，不使稍近庸俗的文學家習性，依然發生主導的作用⓯；《法言》一書完成後大大的風行，《漢書・揚雄傳》班固言：「自雄之沒至今四十餘年，其《法言》大行。」到了唐代的韓昌黎（768～824）稱其「孟氏醇乎醇者也，荀與揚大醇而小疵。」⓰將其與荀子（前 313～前 238）相提並論，奠定了《法言》在思想史上的地位。另就《法言》之內容要旨言，則包括了揚雄的人性論、政治哲學、教育理論、對知識的看法、歷史觀、天道觀、品評人物以及對五經博士系統的嚴厲批評等，可說是揚雄思想的總結晶。

⓯　同❸，頁 501～503。

⓰　見《韓昌黎文集・卷十一・讀荀》。

第二章　揚雄的時代背景與思想淵源

一、時代背景與社會環境

1.漢代的學術風氣

儒家經典，經秦廷一火，瀕於滅絕。漢興以後，除秦挾書之律，徵求天下遺書，殘簡朽編，遂出於山崖屋壁之中。到漢武帝時，喟然慨嘆書籍之殘缺，於是廣開獻書之路，六藝之文與諸子傳說，始並充於祕府。武帝於建元五年，立五經博士，並設博士弟子員，儒術日盛。宣帝、元帝以後，朝廷又增設博士，凡能通一經之長者多能爲吏，博士及弟子們，形成家學。五經博士弟子，元帝時增至千人，成帝時增至三千人，這種龐大的經學勢力遂成了國家官學，也成了文人獲取功名利祿的捷徑，《論衡·書解篇》云：「世儒位最尊者爲博士，門徒聚衆，招會千里。」爲了保護名利，漸漸有了「家法」的產生，師法所承，分經分家，儼然成爲私家之學。

西漢的經學，重師法，各以家法教授，門戶之見立焉。甚且因當時經學教授不同，異說頗多，再加以陰陽五行、讖緯災異之學混合諸經之中，多非常異義可怪之論。哀帝在位，劉歆力崇古文，與今文博士相抗，並建議立《左氏春秋》，及《毛詩》、《逸禮》、《古文尚書》，列於學官，至王莽代漢，始設立博士。本來今古文最初只是由於文字上的差異❶而加以劃分，但後來五經各家各有其傳，私相授受，說經者日多，異說益見分歧。最後只是固守章句，而忽略經世致用了；在《漢書・藝文志》中說：「古之學者耕且養，三年而通一藝，存其大體，玩經文而已。是故用日少而蓄德多，三十而五經立也。後世經傳既已乖離，博學者又不思多聞闕疑之義，而務辟義逃難，便辭巧說，破壞形體。說五字之文，至於二三萬言，後進彌以馳逐。故幼童而守一藝，白首而後能言。安其所習，毀所不見，終以自蔽，此學者之大患也。」而「王莽之時，省五經章句，皆爲二十萬，博士弟子郭路，夜定舊說，死於燭下。」❷可見其時五經諸家走入章句之途，而章句之繁，使人皓首窮經而不得，學而不能致用，徒鶩飾說，專爲訓詁而已。

揚雄於是針對此一博士系統提出了嚴格的批判，他認爲爲學應該先博而後約，並且要有所創見；博士系統的人，對五經尚不能核通，且墨守師說，固步自封而無所創見；另則他是要在孔子、五經中去求得人生立足之地，而博士系統的人，只是爲了功名利祿；《法言・學行篇》云：「書與經同，而世不尙，治之可

---

❶ 按皮錫瑞（1850～1908）《經學歷史》云：「今文者，今所謂隸書……隸書漢世通行，故當時謂之今文。」又云：「古文者，所謂籀書……籀書漢已不通行，故當時謂之古文。」

❷ 見《論衡・效力篇》。

乎？曰：可。或人啞爾笑曰：須以發策決科❸？曰：大人之學也為道，小人之學也為利。子為道乎？為利乎？或曰：耕不穫，獵不饗，耕獵乎？曰：耕道而得道，獵德而得德，是穫饗已。吾不覿參辰之相比也。是以君子貴遷善。遷善者聖人之徒與！百川學海而至於海，丘陵學山而不至於山，是故惡夫畫也。」當時學者們以五經博士為師，即以五經為發策決科的標準，於是五經以外的諸子之學，就少有人研究，這也就是當時博士系統所產生的自限性。同時因為五經博士的畫地自限，愈使知識狹隘而無創造性，《法言・寡見篇》云：「或問，司馬子長有言曰：五經不如《老子》之約也，當年不能極其變，終身不能究其業。曰：若是，則周公（前 1180～前 1082）惑，孔子賊。古者之學，耕且養，三年通一。今之學也，非獨為之華藻也，又從而繡其鞶帨，惡在老不老也。或曰：學者之說可約耶？曰：可約，解科。」大體而言，揚雄一方面尊孔崇經，一方面又希冀能將五經從固陋貪鄙的博士系統中解救出來。

2.陰陽五行與天人感應

兩漢的經學，深受陰陽學的影響，如漢代經學家好言五行之說，謂地上聖人受命，皆符應於天上某帝之德。凡帝王將興之時，天一定會出現祥瑞，所以黃帝當政時，天先現大螾大螻，螾螻為土中物，代表土氣勝，色尚黃；夏禹當政時，天先現草木秋多不枯，代表木氣勝，色尚青；商湯當政時，天先現金刃生於

❸ 漢廷試士，將題目書之於策，此即所謂「策問」，被試者取策應答，此即所謂「發策」。科是甲乙的等第，「決科」是指由應答的情形以決定其等第之謂也。

水，代表金勝木，色尚白；周文王之時，天先現火，赤烏銜丹書，集于周社，代表火勝金，色尚赤❹。秦始皇當政，採鄒衍（約前 340～前 260）五德終始說，把周朝比作火德，水剋火，故以水德王天下，秦朝的服飾和旌旗，皆以黑色爲準了❺。漢高祖爲亭長時，夜行澤中遇大蛇當道，揮劍將白蛇斬之，遂有白帝子被赤弟子斬死之謠，以爲此乃符瑞，及爲沛公，旗幟尚赤，是以火自居也；依五行生剋之義而言，則水旣剋火，又不能生火，而高帝竟以火德自居，蓋卽附和斬白帝子之民謠而已；其後高帝六年北平侯張蒼「推五德之運，以爲漢當水德之時，尙黑如故。」❻蓋一則符高帝立黑帝祠之意，一則暴秦得天下，僅十四年而亡，爲時甚短，可以不承認其帝位，故以漢仍上承周朝而以水德王。因此五德循環不息，合於某一德之帝王，皆有其特有的制度與祥瑞。

董仲舒（前 179～前 104）受到漢武帝青睞後，倡陰陽五行與天人感應之說；其五行之說，源於洪範九疇；而陰陽之說則源於乾、坤二卦；他以陰陽五行之說爲本，議祀典，論災異符瑞，迎合武帝的意旨。而天人感應之目的在使君王除了要注意民命外，尙且還須重視天威，其理論根據是《公羊春秋》裡的「道之大原出於天」，天下一切文物制度，無不與上天相應；宇宙萬物之變化，人事之吉凶禍福，又莫不與五行之相生相剋有關。而陰陽五行與五德終始之說，其目的不外有三：一則在警惕帝王不可以帝王爲子孫萬世之業，五德運行，運終則退。再則在警告野心

---

❹ 見《呂氏春秋・應同篇》。
❺ 見《史記・始皇本紀》。
❻ 見《史記・張丞相列傳》。

政權之人，帝位乃是神器，德運未至，不可妄生非分之想。三則天子受天命而長萬民，天命不可恃，能常守君德，始能保其帝位，反之則君德不常，天命不常，而九州之人心失，天命去矣！武帝以後歷昭、宣、元、成以至哀、平之際，經學家競言災異，祥瑞、符命之說，像京房（前 80～前 37）、翼奉、劉向（前 77～前 6）等，都善言陰陽災異。他們認為天降祥瑞或災異，全受人事的影響，與人君的賢愚勤怠，尤息息相關，人君須遇災異而懼。三公之職，除治政事之外，尚須調和陰陽，以致漢廷竟有以災異策免三公的制度，如：薛宣、徐防皆以災異策免。也有不待免而自劾者，如：元帝永光元年，春霜、夏寒、日青無光，丞相于定國自劾歸侯印，乞骸骨。明帝永平十三年，日蝕、三公免冠自劾。負政治責任的三公，尚須負自然界中事物變化的責任，在今天誠為奇談，而在漢代則一般人皆視為當然，由是可知漢代災異之說，在當時支配力量之大及其盛行的程度了。

揚雄生當斯世，極力地批評陰陽家的五德終始，「象龍之致雨」的迷信，以及神怪迷信的思想；在當時若遇到天旱之際，向龍求雨，乃天人感應之下所深信流行的迷信，大儒董仲舒也曾有以土龍致雨的事，揚雄深表懷疑，《法言・先知篇》云：「象龍之致雨也，難矣哉！曰：龍乎龍乎！」同時他也批評鄒衍的五德終始說推源於黃帝，不過是一種假託，並非事實❼；觀此而言，揚雄對陰陽五行天人感應等思想，在《法言》一書中提出批判，其旨卽在「疾虛妄」，後儒王充蓋亦深受其影響。

---

❼ 見《法言・重黎篇》云：「或問黃帝終始？曰：託也……。」

3.揚雄的時代與社會

揚雄生於宣帝甘露元年，宣帝起自微庶，尙能承繼武帝之大業，及至元帝則漢室爲之一變，國運始衰。元帝卽位，雄年爲五；成帝卽位，雄年二十二；至成帝卒，雄年爲四十七；成帝在位的二十五年間，可以說是揚雄學問奠基與人格形成的時期。然而西漢的滅亡，實釀成於成帝，《漢書・成帝紀贊》云：「臣之姑充後宮爲婕妤，父子昆弟侍帷幄，數爲臣言成帝善修容儀，升車正立，不內顧，不疾言，不親指。臨朝淵嘿，尊嚴若神，可謂穆穆天子之容者矣。博覽古今，容受直辭，公卿稱職，奏議可述。遭世承平，上下和睦。然湛於酒色，趙氏亂內，外家擅朝，言之可爲於邑。建始以來，王氏始執國命。哀、平短祚，莽遂篡位。蓋其威福所由來者漸矣!」雖然成帝進用儒生爲相，終難挽西漢之國祚；揚雄〈解嘲〉云：「故當其有事也，非蕭、曹、子房、平、勃、樊、霍則不能安；當其亡事也，章句之徒相與坐而守之，亦亡所患。故世亂，則聖哲馳騖而不足；世治，則庸夫高枕而有餘。」可見他認爲這些儒相並沒有盡到扶傾救亡的責任。

今人徐復觀在其所作〈揚雄論究〉一文中指出，「王船山（1619～1692）對此，有三點可以反映比較深刻的看法。」船山《讀通鑑論・卷四》云：「元帝詔四科取士，卽以此第郎官之殿最。一曰：質樸，二曰：敦厚，三曰：謙遜，四曰：有行。蓋孱主佞臣，懲蕭、周、張、劉之骨鯁，而以柔惰銷天下之氣節也。」在元帝這種四科舉士的技巧下，能使社會由沈滯而痲木而腐爛，揚雄所當的正是郎官，對於此種手法，他當然不屑以作僞或降志的方式去參與競爭的行列，〈解嘲〉云：「當今縣令不請士，郡守不迎師，羣卿不揖客，將相不俯眉；言奇者見疑，行殊者得辟。是以欲談者宛舌而固聲，欲行者擬足而投迹。鄉使上世之士處乎今，策非甲科，行非孝廉，舉非方正，獨可抗疏時道是非，高得待詔，下觸聞罷，又安得青紫？」正是反映此一情勢。《讀通鑑論・卷五》又云：「成、哀之世，漢豈復有君臣哉，婦人而已矣。」成帝以降，漢室政治權力的核心，始終握在婦人的手上，外戚當權，君主儒弱；自劉向起，大家窮盡力氣以爭得失的，無所謂國家大政，僅是一些婦人之見而已。再則《讀通鑑論・卷五》又認爲依「天下爲公」由學術而來的風俗，影響到王莽取漢而代之，乃「天下官則讓賢」、「求索賢人，禪以帝位」，長久以來此種思想的影響所造成的；同時「經術之變，溢爲五行災祥之說」，將天下爲公的理想，組入於陰陽消息，五行生剋的龐大構造中，將理想化爲由天道運行而來的定命論，更以災祥符瑞，爲此定命論的驗證，於是王莽取漢而代之，乃天命使然，無可反抗。揚雄在此一時代背景中，自然影響到他對現實政治的態度，無怪乎朱熹在《通鑑綱目》中稱「莽大夫揚雄死」以爲誅責；實則在此一大時代背景與社會環境中，揚雄有其不得不然耳的苦衷。

二、思想淵源與承繼

揚雄的思想，大體說來，有混雜儒、道兩家思想之趨向，而終以儒家自居；其思想之中心體系，有據自《周易》與《老子》所擬作之《太玄》，表現其人受道家、陰陽五行學說的影響；有據自《論語》所擬作的《法言》，代表了他的儒家立場；今就其受道家「自然主義」的思想，以及受儒家「崇聖宗經」的思想，來論述其思想淵源與承繼。

1.道家的自然主義思想

揚雄少好學，不爲章句、訓詁通而已，博覽無所不見，生性恬淡，不慕名利，尙淸靜無爲，且少有嗜欲，因爲「口吃不能劇談」，所以「默而好深湛之思」，雖家境窮困，但卻能安之若素，不汲汲於富貴，也不戚戚於貧賤，安貧樂道有聖人之志。揚雄這樣的性格，實受道家老莊思想影響甚鉅，其爲人簡易口吃，好深湛之思，若老子之「大巧若拙，大辯若訥」❽的精神；其「三世不徙官」不曲從阿附，安貧守約的人生態度，與莊子（前 370～前 295）自在自得無所羈絆而拒絕楚威王❾之聘，其性情頗有類似之處。

揚雄少時以四川的嚴君平❿爲師，嚴氏爲一名研究老莊的學者，揚雄當受其啟蒙而有所影響。《漢書・王貢兩龔鮑傳》云：「其後谷口有鄭子眞，蜀有嚴君平，皆修身自保，非其服弗服，非其食弗食。……則閉肆下簾而授《老子》。博覽亡不通，依老

❽ 見《老子・四十五章》。

❾ 見《史記・莊子本傳》。

❿ 見常璩（？～376）《華陽國志・卷十》云：「嚴遵，字君平，成都人也。雅性澹泊，學業加妙，專精大易，耽於老莊。常卜筮於市，假蓍龜以教。與人子卜教以孝，與人弟卜教以悌，與人臣卜教以忠。於是風移俗易，上下慈和。日閱得百錢，則閉肆下簾，授老莊，著《指歸》，爲道書之宗。揚雄少師之，稱其德。杜陵李強爲交遵。遵見之，強服其淸高而不敢屈也。歎曰：揚子雲眞知人也！年九十卒。雄稱之曰：不慕夷則由矣，不作苟見，不治苟得，久幽而不改其操，雖隨、和何以加諸？」

子、嚴周之指著書十餘萬言。揚雄少時從遊學，以而仕京師顯名，數爲朝廷在位賢者稱君平德。……及雄著書言當世士，稱此二人。其論曰：或問君子疾沒世而名不稱，盍勢諸？名，卿可幾。曰：君子德名爲幾。……蜀嚴湛冥，不作苟見，不治苟得，久幽而不改其操，雖隨、和何以加諸？舉茲以旃，不亦寶乎！」由此處所引之內容看來，揚雄對嚴遵是非常景仰的。

揚雄好辭賦，在他所作的〈反離騷〉論屈原的話「以爲君子得時則大行，不得時則龍蛇。遇不遇命也，何必湛身哉？」中，我們可以看出，他的思想多少帶有莊子達觀之論；在〈逐貧賦〉中，我們可以看出揚雄安時處順，澹然無爲的人生觀；而〈解嘲〉中所謂：「當今縣令不請士，郡守不迎師，羣卿不揖客，將相不俯眉。言奇者見疑，行殊者得辟。行非孝廉，舉非方正，獨可抗疏時道是非？……吾聞之也，炎炎者滅，隆隆者絕。觀雷觀火，爲盈爲實。天收其聲，地藏其熱。高明之家，鬼瞰其室。攫拏者亡，默默者存。位極者宗危，自守者身全。是故知玄知默，守道之極；爰清爰靜，游神之廷。惟寂惟寞，守德之宅。世異事變，人道不殊，彼我易時，未知何如。」完全反映了道家沖虛淡漠的思想。正因爲揚雄能保有道家此一清靜無爲之修養，故能樂天安命，不諛權勢，不汲汲於富貴，不戚戚於貧賤，不修廉隅以徼名當世，其晏如若是。

揚雄的《太玄》與道家思想相當的密切，其內容係以老子的「道」爲基礎，構造模仿自《周易》，再加諸陰陽家的曆數，並與儒家的倫理觀念相附會而構成的思想體系。「玄」是老子思想中一重要的觀念，所代表的是既超越而又內在的「道」，是一最高的範疇；而揚雄將「玄」作爲天地萬物之本源，爲宇宙自然界中至高無上的原動力, 也是他學說體系的最高範疇; 揚雄的「玄」, 實脫胎於老子的「道」; 道家思想中的「道」, 其本質是「自然」, 揚雄《太玄》著作之精神, 亦本乎「自然」之思想而發揮, 此尤可看出他是繼承道家老子思想而來的; 《太玄・卷七・玄瑩》云: 「夫作者貴其有循而體自然也, 其所循也大, 則其體也壯; 其所循也小, 則其體也瘠; 其所循也直, 則其體也渾; 其所循也曲, 則其體也散; 故不攫所有, 不彊所無, 譬諸身增則贅, 而割則虧。故質幹在乎自然, 華藻在乎人事也, 其可損益與? 」由於「玄」是「自然」, 因此一切人倫制度, 儀軌法則, 就都應該效法自然之天道而有所擬定, 桓譚《新論》云: 「揚雄作玄書, 以爲玄者天也, 道也。言聖賢著法作事, 皆引天道以爲本統, 而因附屬萬類王政人事法度。」即是指此而言。至於「玄」如何的創生萬物呢? 揚雄本乎「陰、陽」二氣, 以爲「一判一合」之二氣交感, 萬物始備, 《太玄・卷十・玄圖》云:「一陰一陽然後生萬物。」人亦本陰陽二氣而生, 但爲天地之中最尊貴者, 揚雄在〈玄圖〉中以「天道、地道、人道」並舉, 此一觀念, 實出於老子的思想⓫; 揚雄既重天、地、人三才之道, 「三」就成了揚雄思想中一重要之觀念, 〈玄圖〉云: 「夫玄也者, 天道也, 地道也, 人道也。兼三道而天名之, 君臣、父子、夫婦之道。玄有一道, 一以三起, 一以三生, 以三起者, 方、州、部、家也。以三生者, 參分陽氣以爲三重, 極爲九營, 是爲同本離生, 天地之經也。」老子也有「道生一, 一生二, 二

⓫ 見《老子・二十五章》老子曰: 「故道大、天大、地大、人亦大。域中有四大, 而人居其一焉。人法地, 地法天, 天法道, 道法自然。」

生三，三生萬物。萬物負陰而抱陽，沖氣以爲和」的思想；「三」與「陰陽」均爲老子思想中的重要觀念，這些也都是揚雄本乎老子而來的思想；總而言之，揚雄與道家的自然主義思想有著深切的淵源。

2.崇孔尊孟與宗法五經

揚雄崇奉儒家的思想，當他看到諸子學說的充斥壅蔽，因而也想效法孟子（前 372～前 289）的作爲，起而廓清，使能歸本於儒家的正道，《漢書・揚雄傳》言其看到當時諸子各逞其智，都是詆譭聖人，或且說些迂怪詭異的言論，雖然只是小辯，恐怕終會破壞大道，所以他仿效《論語》而作了《法言》，其主要目的，就是要復興儒學。揚雄的《太玄》講的是宇宙變化之道，《法言》則講的是人生之道；《太玄》仿《周易》，採取道家老莊的思想，《法言》則仿《論語》，採取了儒家孔子的思想，《法言・學行篇》云：「天之道不在仲尼乎？仲尼駕說者也，不在茲儒乎？如將復駕其所說，則莫若使諸儒金口而木舌。」由此看來，他是很看重儒者，儒者傳孔子之道，孔子傳天道，儒者便是傳天道，所以儒者都應該是金口木鐸；孔子祖述堯、舜，憲章文、武，上承聖人相傳的道學，下開儒家的統緒，聖道之所在，所以揚雄認爲要闡揚儒學，必先奉孔子以爲宗主，即崇奉孔子爲宗主，因此主張學必孔氏，《法言・吾子篇》云：「山徑之蹊，不可勝由矣；向牆之戶，不可勝入矣。曰：惡由入？曰：孔氏。孔氏者，戶也。曰：子戶乎？曰：戶哉！戶哉！吾獨有不戶者矣！」聖人之道，與天地合其德，與日月合其明，自生民以來，未有如孔子者也；揚雄心儀孔子，從心靈深處對孔子建立起一種信仰，他讚美孔子，言曰：「仲尼，聖人也。」⑫「或曰：孔子之事多矣，不用，則亦勤且憂乎？曰：聖人樂天知命，樂天則不勤，知命則不憂。」⑬「或問聖人表裡？曰：威儀文辭，表也；德行忠信，裡也。」⑭「仲尼，神明也，小以成小，大以成大，雖山川丘陵，草木鳥獸，裕如也。」⑮凡此而言不勝枚舉，雖然在《法言》中有些讚美之辭，有神化了孔子的傾向，而此種時代的限制性，揚雄或不能免，但是他對孔子的尊崇卻是日月可昭的。

《法言・君子篇》云：「或問孟子知言之要，知德之奧。曰：非苟知之，亦允蹈之。或曰：子小諸子，孟子非諸子乎？曰：諸子者，以其知異於孔子者也，孟子異乎？不異。」在揚雄的心目中，孟子能够知言之要，知德之奧，而且切實地去履行，同時孟子的思想又契合孔子之道，這便是孟子異於諸子而值得尊敬之處。孟子的學問是由博反於約的，博學乃知言之要所必須先做到的，惟其博學方能融會貫通，能融會貫通，才能知言之要；而知德之奧，在於深造以道，惟其如此才能有所得；孟子云：「君子深造之以道，欲其自得之。」⑯就是這個意思。又由於孟子生處戰國，當時處士橫議，異端並起，「天下之言，不歸楊則歸墨」⑰，孟子慨然以排斥異端邪說爲己任，維護儒家的眞精神，這是非常受到揚雄推崇的；而揚雄所處的時代也是諸子淆亂的時

---

⑫ 見《法言・問明篇》。
⑬ 見《法言・修身篇》。
⑭ 見《法言・重黎篇》。
⑮ 見《法言・五百篇》。
⑯ 見《孟子・離婁篇》下。
⑰ 見《孟子・滕文公篇》下。

代，所以他也想效法孟子，起而闢之；《法言・吾子篇》云：「古者楊墨塞路，孟子辭而闢之，廓如也；後之塞路者有矣，竊自比於孟子。」其宗孔氏，崇仁義，以期使大經大法久傳人世，實與孟子同；揚雄自比孟子，以孟子爲自己立身行事之法儀，則其推崇孟子可知；因此，在西漢初期以荀子思想爲重的情勢，到了揚雄拔孟子於諸子之上，以爲其不異於孔子；韓愈云：「因揚書而孟氏益尊。」由此可見對孟子之尊崇，其影響自是深遠。

揚雄推尊孔孟，以儒者自居，因此亦尊崇儒家所稱道之古人，《法言・問道篇》云：「適堯舜文王者爲正道，非堯舜文王者爲它道，君子正而不它。」以「堯、舜、文王」作爲「正道」之代表，即是以儒者所尊崇之古人爲「正道」所在也；由此可知，揚雄固以堯舜文王至孔孟爲「正統」，而自己又以承此「正統」自居，所以他也尊崇儒學經籍，《法言・寡見篇》云：「或問五經有辯乎？曰：惟五經爲辯。說天者莫辯乎《易》，說事者莫辯乎《書》，說體者莫辯乎《禮》，說志者莫辯乎《詩》，說理者莫辯乎《春秋》，捨斯，辯亦小矣。」辯指的是「明」的意思，《易》是本於天地陰陽，所以說天莫明乎《易》；《書》是記載先王之事，所以說事莫明乎《書》；《禮》是主上下之體的，所以說體莫明乎《禮》；《詩》是用以導志的，所以說志莫明乎《詩》；《春秋》屬辭比事，以正是非，所以說理莫明乎《春秋》；這和《莊子・天下篇》所謂的「《詩》以道志，《書》以道事，《禮》以道行，《樂》以道和，《易》以道陰陽，《春秋》以道名分。」有著相同的意旨；這也就是他以「五經」來作爲學術之最高代表的思想。五經都是孔子所訂正，因此揚雄以爲除了五經以外，其他均屬小道，其言曰：「書不經，非書也；言不經，非言也；言書不經，多多贅矣！」⑱可見其宗經之一斑；然而經並非不可損益，損益者惟因時而造之禮樂刑政，典章制度而已，《法言·問神篇》云：「或曰：經可損益歟？曰：《易》始八卦，而文王六十四，其益可知也。《詩》、《書》、《禮》、《春秋》，或因或作而成於仲尼，其益可知也。故夫道非天然，應時而造者，損益可知也。」至於天然之道，仁義道德之常則是不可損益的。因此，我們從《法言》所看到的儒學，自是以推尊孔孟，宗法五經爲本了。

⑱ 見《法言·問神篇》。

第三章　形上天道論

一、玄

揚雄在《太玄》的解說部分〈玄首〉、〈玄攡〉、〈玄文〉、〈玄瑩〉等篇中，提出了有關於天地生成的觀念，他以「玄」做爲天地萬物的根源，桓譚《新論》曾評論之曰:

> 「揚雄作《玄書》，以爲玄者，天也，道也，言聖賢著法作事，皆引天道以爲本統，因而附屬萬類，王政人事法度，故宓羲氏謂之易，老子謂之道，孔子謂之元，而揚雄謂之玄。」

「玄」是揚雄學說體系的最高範疇，是宇宙的根本；「玄」的觀念來自於《老子》和《周易》，《老子》的首章曾云:「道可道，非常道；名可名，非常名。無，名天地之始；有，名萬物之母。故常無，欲以觀其妙；常有，欲以觀其徼。此兩者，同出而異名，同謂之玄，玄之又玄，衆妙之門。」「玄」是幽昧深遠的意思，「玄」指的是「有」與「無」來說的。《周易》之〈文言〉曰:「夫玄黃者，天地之雜也，天玄而地黃。」玄黃是天地之正色，「玄」是「天」的顏色，故稱天爲「玄」。揚雄以「玄」來指稱包括天地之道，宇宙之主宰，萬物之根源，同時包括了人道，亦卽「最高的道」，《太玄・卷十・玄圖》云:「夫玄也者，天道也，地道也，人道也，兼三道而以天名之。」「以天名之」就是說從天來命名的，「玄」本指天而言，今用來稱謂「最高的道」，故云「以天名之」。

1.宇宙的根本：玄

揚雄以「玄」做爲宇宙的根本，「玄」是天地之道，天地萬物之運動皆受其支配，「玄」的本身就像「道」一樣，是無形的，是不可見的，是無所不在的，但卻是天地萬物的根源，它從虛渺無端之中，體現了周而復始的原理，又自變化之中形成一定之規律，貫通古今，區別了宇宙萬物的種類；錯綜陰陽，發出了吉凶之氣。一開一合，天地就這樣的形成了。天體和太陽的運行，顯出了剛柔的交替作用。這種運行是要回返到原來的位置，那起點與終點，是有一定的。而此一生一死，所謂天人性命的道理，也就顯得明白了。《太玄》之〈玄攡〉云:

> 「玄者，幽攡萬類而不見形者也，資陶虛無而生乎規，攔神明而定摹，通同古今以開類，攡措陰陽而發氣，一判一合，天地備矣。天日回行，而剛柔接矣。還復其所，終始定矣。一生一死，性命瑩矣。」

「攡」是舒張展開的意思，「規」指的是天，〈玄圖〉云:「天道成規，地道成矩。」，「攔」是聯繫的意思，「神明」指的是天地，〈玄攡〉下文云：「夫天宙然示人神矣，夫地佗然示人明矣，天地奠位，神明通氣。」「摹」是區劃、分判的意思，「攡措陰陽而發氣」意謂分別錯綜了陰、陽而發出氣來的意思。因此，此虛無之「玄」，爲一極奧妙之超感覺之實體；仰而視之在乎上，俯而窺之在乎下，企而望之在乎前，棄而忘之在乎後。而此無形不可見，無所不在的實體，又在一切萬物之先，未有天地之前，與鬼神契合，聖人同心；司馬光〈讀玄〉云：

「考之於混元之初，而玄已生，察之於今，而非玄不行，窮之於天地之本，而玄不可亡，卽之以萬物之情而不漏，測之以鬼神之狀而不違，概之以六經之言而不悖，借使聖人復生，視玄必懌然而笑，以爲得己之心矣。」

此虛無而實有，可體而不得見的「玄」，亦卽是老子所說的恍惚窈冥的「道」❶；這「玄」是具有普遍性的，是無所不在的。

揚雄謂：「攡措陰陽而發氣。」則「玄」與「氣」有何關係？〈解嘲〉云：「顧而作《太玄》五千文，枝葉扶疏，獨說十餘萬言，深者入黃泉，高者出蒼天，大者含元氣，纖者入無倫。」❷他沒有明確說明「玄」和「元氣」的關係，從「大者含

---

❶ 見《老子・二十一章》曰：「孔德之容，惟道是從。道之爲物，惟恍惟惚，惚兮恍兮，其中有象；恍兮惚兮，其中有物。窈兮冥兮，其中有精；其精甚眞，其中有信。」《老子・十四章》曰：「視之不見，名曰夷；聽之不聞，名曰希；搏之不得，名曰微；……是謂無狀之狀，無物之象，是謂惚恍。迎之不見其首；隨之不見其後。」

❷ 見《漢書・揚雄傳》。

元氣」來看，似乎是認為「玄」是在「元氣」之上的；而這整句話是說《太玄》之書包含元氣，但《太玄》中並無「元氣」一詞。又在揚雄所寫的〈覈靈賦〉中云：「自今推古，至於元氣始化。」❸這只是肯定了元氣，但在《太玄》和《法言》中都未曾說到「玄」與「元氣」有何關係。吾人從「夫玄也者，天道也，地道也，人道也。」的話看來，「玄」指的是最高的道，卽最高的原理，是宇宙的根本，不是指氣；而從「攡措陰陽而發氣」的話看來，「玄」是「發氣」的，是氣的來源。

「玄」是最高的道，卽宇宙的根本，從這個意義上說，「玄」乃是一種觀念性的絕對；揚雄再三說明「玄」是超感覺的，我們無法見到其位置、範圍與根底，它是不自矜、不自伐，也不說明其所以然的，所顯出的是那麼的幽遠、偉大；「玄」是幽晦深眇的，亦卽超越形象的，揚雄用幽晦的語言表述了他所想像的幽晦的實體，只不過是在表示：天地萬物的本源是超感覺、超形象的。〈玄攡〉云：

> 「夫玄晦其位而冥其畛，深其阜而眇其根，攘其功而幽其所以然也。故玄卓然示人遠矣，曠然廓人大矣，淵然引人深矣，渺然絶人眇矣，嘿而該之者，玄也。」

「玄」不僅是具有普遍性、無所不在的，同時揚雄也認為，「玄」總括了天地萬事萬物之間的聯繫，〈玄攡〉云：

---

❸ 見《太平御覽・卷一》引。

「古玄聘取天下之合而連之者也，綴之以其類，占之以其觚，曉天下之瞶瞶，瑩天下之晦晦者，其唯玄乎！」

正因爲「玄」揭示了萬物的奧祕，所以能够「曉天下之瞶瞶，瑩天下之晦晦。」意思是說，「玄」是最高的原理，如果懂了這個最高的原理，也就懂得了宇宙萬有之奧祕了。「玄」是宇宙根本的實體，同時「玄」也是周而復始的原理，是宇宙變化中的一定規律，而宇宙的原理與規律是由「玄」而發的，因此「玄」可以是平衡的準則，可以用來平量天下的事物，〈玄攡〉云:

「縣之者，權也；平之者，衡也；濁者使清，險者使平，離乎情者必著乎僞，離乎僞者必著乎情，情僞相盪，而君子小人之道較然見矣。玄者以衡量者也，高者下之，卑者舉之，饒者取之，罄者與之，明者定之，疑者提之。規之者思也，立之者事也，說之者辯也，成之者信也。」

宇宙萬物之變化應該有所遵循，所遵循的是自身所有的道，卽是「自然」；每個物所有的道爲「玄」，「玄」在宇宙萬物之內，爲萬物變化之道；吾人當遵循此一自然之道，方能體現自然之理，〈玄瑩〉云:

「夫作者貴其有循，而體自然也，其所循也大，則其體也壯；其所循也小，則其體也瘠；其所循也直，則其體也渾；其所循也曲，則其體也散；故不懼所有，不彊所無，譬諸身增則贅，而割則虧。故質幹在乎自然，華藻在乎人事也，其可損益與?」

「玄」的運行之道，是往復，是動靜；通過動靜，宇宙萬有生滅繼續不絕，周而復始，「其動也，日造其所無，而好其所新；其靜也，日減其所爲，而損其所成；故推之以刻，參之以晷，反覆其序，軫轉其道也。以見不見之形，抽不抽之緒，與萬類相連也。其上也縣天，下也淪淵，纖也入薉，廣也包軫。」❹可見道是無所不在的，也正說明了道在萬物之中的意義。然而吾人在〈玄攡篇〉的另外一段話裡，卻看到「玄」爲仁義之根本，是有爲的，與道家的「道」之自然無爲，顯然有其不同之處❺，〈玄攡〉云:

「故玄者用之至也，見而知之者智也，視而愛之者仁也，斷而決之者勇也，兼制而博用者公也，能以偶物者通也，無所繫輆者聖也，時與不時者命也，虛形萬物所道之謂道也，因循無革天下之理得之謂德也，理生昆羣兼愛之謂仁也，列敵度宜之謂義也，秉道德仁義而施之之謂業也，瑩天功明萬物之謂陽也，幽無形深不測之謂陰也，陽知陽而不知陰，陰知陰而不知陽，知陰知陽，知止知行，知晦知明者，其唯玄乎！」

由上述的話中，吾人同時亦可得知，「玄」是兼賅陰、陽

---

❹ 見《太玄・卷七・玄攡》。

❺ 見羅光《中國哲學思想史・兩漢南北朝篇・揚雄的哲學思想》，臺北，學生書局，民國七十四年八月再版，頁222～223。

的；陽是明亮，是「瑩天功明萬物」；陰是幽晦，是「幽無形深不測」；「玄」既明且晦，這個意思，亦卽指「玄」是絕對性的，雖然無形無像，但又超越了明、晦的對立。由於陰、陽不斷的相互摩盪，因此萬物才得以圍繞著產生，〈玄攡〉云：

「虛實盪故萬物纏，陽不極則陰不萌，陰不極則陽不芽，極寒生熱，極熱生寒，信道致詘，詘道致信；其動也，日造其所無，而好其所新；其靜也，日減其所爲，而損其所成。」

「玄」兼賅陰、陽，也總括天、地、人，揚雄在〈玄圖〉與〈玄告〉中分別云：

「玄有一規、一榘、一繩、一準，以從橫天地之道。」

「玄一摹而得乎天，故謂之有天；再摹而得乎地，故謂之有地；三摹而得乎人，故謂之有人。……玄者神之魁也。天以不見爲玄，地以不形爲玄，人以心腹爲玄。天奧西北，鬱化精也；地奧黃泉，隱魄榮也；人奧思慮，含至精也。」

照這一段話看來，揚雄所謂的「玄」，又特別提出「精氣」，認爲人所有的精氣，是從天來的；人所有的形氣，是從地來的；從天得來的精氣，成爲人的魂；從地得來的形氣，成爲人的魄；人所以能够思慮，是因爲人的形體中包含有精的關係。而揚雄以天、地、人來代表萬物，三才的思想，在《太玄》書裡是非常的重要;「玄」爲人生的規律,「玄」的規律由天地而顯,天道地道成爲人道的規矩,這是仿效《周易》所謂:「《易》之爲書也,廣大悉備,有天道焉,有人道焉,有地道焉,兼三才而兩之,故六。六者非它也,三才之道也。」❻的觀念而有的思想。總而言之,揚雄所謂的「玄」是超越一切相對事物之上的絕對者,它是普遍無所不在的,是超感覺的,是天地萬物的本源,是最高的道。

2.玄數與變化

揚雄之深奧神祕的「玄」,是包括了天道、地道、人道在內的最高的道,〈玄圖〉云:「天道成規,地道成榘,規動周營,榘靜安物。周營故能神明,安物故能聚類。類聚故能富,神明故至貴。夫玄也者,天道也,地道也,人道也,兼三道而天名之。」天道圓而動,地道方而靜,總合天道、地道、人道的就是「玄」;而此最高的道,其數爲何?《周易》的數和卦象並不完全聯繫,數特別用之於蓍卜,也用之於卜卦。《周易》的數以天數地數爲基本,基本數爲一和二;揚雄《太玄》的數以三爲基本,然後再配之以四;亦卽《周易》是以二分的方式,「易有太極,是生兩儀,兩儀生四象,四象生八卦。」❼發展的;《太玄》中的「玄」是按三分的方式,「一玄都覆三方,方同九州,枝載庶部,分正羣家。」、「玄有一道,一以三起,一以三生。以三起者,方、州、部、家也。以三生者,參分陽氣,以爲三

❻ 見《周易・繫辭下傳・第十章》。

❼ 見《周易・繫辭上傳・第十一章》。

重，極爲九營，是爲同本離生；天地之經也。旁通上下，萬物並也，九營周流，終始貞也。始於十一月，終於十月，羅重九行，行四十日。」❽發展的；也就是說，一玄分而爲三，名之爲方，有一方，二方，三方，共爲三方，這就是「一玄都覆三方」。一方爲天玄，二方爲地玄，三方爲人玄，指的是「玄」之變化基數爲三，以天、地、人代表之。三方又各分爲三，名之爲州，每方有一州，二州，三州，共爲九州，這就是「方同九州」。每州又各分爲三，名之爲部，每州有一部，二部，三部，共爲二十七部，這就爲「枝載庶部」。每部又各分爲三，名之爲家，每部有一家，二家，三家，共爲八十一家，這就是「分正群家」。以上這樣的三分過程，就是「以三起」。

三和方、州、部、家的四相配合，某方內的某州，某州內的某部，某部內的某家，《太玄》稱之爲「首」，相當於《周易》的卦。《太玄》摹仿《周易》的爻象，第一方，第一州，第一部，第一家，都是用「一」表示；第二方，第二州，第二部，第二家，都是用「--」表示；第三方，第三州，第三部，第三家，都是用「---」表示。在一首內，家爲低點，由家結上爲部，再上爲州，最上爲方，每一首都是由表示方、州、部、家的符號組成。例如：第一方，第一州，第一部的第一家，是所謂「中」首（☰）；第一方，第一州，第一部的第二家，是所謂「周」首（☱）；第一方，第一州，第一部的第三家，是所謂「礥」首（☲）；依此類推，經過這樣的配合，共爲八十一首。每首都有「首辭」，相當於《周易》的「卦辭」；每首有「九贊」，相當

---

❽ 見《太玄·卷十·玄圖》。

於《周易》的「爻辭」；九位可以周轉，從始到終有其正當的軌道，每一年從十一月開始到第二年的十月終了爲止，共有九個行列，每一行是四十天，九位周轉乃有八十一首，每首有九贊，八十一首共有七百二十九「贊」。這裡所用的數目，都是三和三的倍數，九、八十一等；這就是所謂「參分陽氣，以爲三重，極爲九營」，這也就是所謂的「以三生」；勞思光先生以爲「所謂以三生者，大抵指占法而言，占易取二爲本，故四營而成易；今《太玄》取三爲本，故極爲九營；此皆可視爲數字遊戲，無深義可論。」❾

揚雄認爲，此一玄，三方，九州，二十七部，八十一家，及其所構成的八十一「首」，及其中之七百二十九「贊」，就構成一個太玄圖，而此太玄圖之圖式是事物發展和運動的綱領，所以說：「是爲同本離生，天地之經也。」同本離生是說事物都是一個本源分化出來，分化以後的事物雖有不同，但卻又互相聯繫，這就是所謂「旁通上下，萬物並也。」同時此綱領亦說明了一年四時之變化，亦即所謂「九營周流，終始貞也。」

揚雄認爲一年從十一月開始到第二年的十月終了爲止，共爲九個行列，每一行是四十日；將一年的八十一首，分爲九行，每行有九首，每首有九贊，則每行有八十一贊，八十一首共有七百二十九贊，以兩贊配一日，則「每一行是四十日」，但實際上爲四十日半，這種分法是非常勉強的。揚雄在〈玄圖〉中亦提出人事上的「思、福、禍」三個階層的數，〈玄圖〉云:

---

❾ 見勞思光《中國哲學史・第二卷》，香港，崇基書店，一九七一年十月初版，頁131。

> 「思心乎一，反復乎二，成意乎三，條暢乎四，著明乎五，極大乎六，敗損乎七，剝落乎八，殄絕乎九。生神莫先乎一，中和莫盛乎五，倨劇莫困乎九。夫一也者，思之微者也；四也者，福之資者也；七也者，禍之階者也。三也者，思之崇者也；六也者，福之隆者也；九也者，禍之窮者也。二、五、八，三者之中也。……自一至三者貧賤而心勞，四至六者富貴而尊高，七至九者離咎而犯菑。五以下作息，五以上作消。數多者見貴而實索，數少者見賤而實饒，息與消糺，貴與賤交。福至而禍逝，禍至而福逃，幽潛道卑，亢極道高。」

上述所言之意思爲：思，心之動機在一，反覆思考在二，決定成意在三，表達順暢在四，顯現明白在五，擴張至大在六，敗而損壞在七，剝落斑斑在八，消耗滅亡在九，這些都是九贊的盛衰之理。發生作用，首先是一，保持中和的是五，驕矜自滿處境危厄的是九，這也就是九贊從開始到興盛，從興盛到衰敗的過程。所謂一是思的微細作用，四是福的憑藉，七是禍的開端，三是思的最高階層，六是福的極盛，九是禍的最末；而二、五、八是處在中間的。此「思、福、禍」三個階層的數字，由一到九，五的數字居於中間，四、六處在五的上下兩面；從一到三，處境貧賤且心力勞瘁；四到六，富貴且享受崇高的地位；七到九，則受盡折磨和災難；從五以下是息，從五以上是消；數目多的雖尊貴，實際上卻走向衰敗；數目少的雖微賤，實際上卻趨於富饒；消和息相互轉化，貴和賤相互交替。有了福，禍自然消逝；有了禍，福自然遠離。隱蔽沈潛是謙遜的道理，驕奢自滿是表現自高自大。

消息的名詞，來自「漢易」，消息卦有十二卦，配一年十二月；虞翻（170～240）注《易繫辭》「變通配四時」謂：「變通趣時者，謂十二月消息也。泰、大壯、夬，配春。乾、姤、遯，配夏。否、觀、剝，配秋。坤、復、臨，配冬。謂十二月消息相變通，而周於四時也。」陽由陰生爲息，陰由陽生爲消，以十二卦配十二月，表現陰陽之氣，在一年十二月中運轉消息的情形。以圖式示之於後：

復	䷗	子	十一月
臨	䷒	丑	十二月
泰	䷊	寅	正月
大壯	䷡	卯	二月
夬	䷪	辰	三月
乾	䷀	巳	四月
姤	䷫	午	五月
遯	䷠	未	六月
否	䷋	申	七月
觀	䷓	酉	八月
剝	䷖	戌	九月
坤	䷁	亥	十月

董仲舒承《呂氏春秋 · 十二紀紀首》，以少陽太陽少陰太陰，配一年的四時，尚未與《易》發生關聯；至孟喜則從六十四卦中選出由復到坤的十二卦，配入於一年十二月之中，於是每一

月皆可表現陰陽運轉之跡；京房更進一步成立所謂卦氣說，成爲漢代易學的主流。《漢書・揚雄傳》自述揚雄作《太玄》的要旨云:「於是輟不復爲，而大潭思渾天……其用自天元推一晝一夜，陰陽數度，律歷之紀，九九大運，與天終始。」這正說的是作《玄》乃以歷爲準據；所以八十一首的次序，卽是卦氣說的六十四卦的次序；卦氣說起於「中孚」（䷼），終於「頤」（䷚）；《太玄》起於「中」首（𝌆），而終於「養」首（𝍖）；其中有以一首準《周易》一卦的，有以二首準《周易》一卦的。而揚雄在《太玄》中自創一套符號，另外形成一套數的演算系統，是爲其思想中的特色。

《周易》以卦代表宇宙之變化，變化以陰爻、陽爻爲基本，根據天、地、人的三數，乃造三爻爲一卦，重卦則爲六爻。揚雄的《太玄》，則以「⚊」、「--」、「---」三種符號爲基本，依據方、州、部、家四重的四數，畫四爲一首，其消息卦圖之變化與《周易》消息卦類同，然圖式不同，其排列如下:

中首	𝌆	十一月
羨首	𝌉	十二月至正月
從首	𝌘	正月至二月
更首	𝌡	三月上旬至四月上旬
睟首	𝌪	四月中旬至五月下旬
廓首	𝌫	五月下旬至七月中旬
減首	𝌴	七月中旬至八月中旬
沉首	𝌽	八月中旬至十月上旬
成首	𝌾	十月上旬至十一月

「從五以下是息，從五以上是消」，因此，一至五爲息，六至九爲消，不同於《易》之以十二卦配十二月，而《太玄》以九首配十二月，〈玄圖〉云:

> 「誠有內者存乎中，宣而出者存乎羨，雲行雨施存乎從，變節易度存乎更，珍光淳全存乎睟，虛中弘外存乎廓，削退消部存乎減，降隊幽藏存乎沉，考終性命存乎成。是故一至九者，陰陽消息之計邪? 反而陳之，子則陽生於十一月，陰終十月可見也；午則陰生於五月，陽終於四月可見也。生陽莫如子，生陰莫如午。西北則子美盡矣，東南則午美極矣。」

依此而言，於一年之循環中，陽生於子（中首，十一月，多至，正北方），極盛於巳（四月，東南）。然其極盛之時，亦爲其始衰之時，故稱之爲「終」，實際是至亥（十月，西北）才完全不發生作用。於陽氣開始衰微時，陰氣就開始發生作用；陰生於午（應首，五月，夏至，正南方），極盛於亥(十月，西北)。在陰氣極盛的時候，亦卽其始衰之時，故稱之爲「終」，實際是至巳（四月，東南）才完全不發生作用。在陰氣開始衰微時，陽氣就開始發生作用，陽又「生於子」。西北是陰氣最盛的方位；東南是陽氣最盛的方位；所謂「陰酋西北，陽尙東南。」❿之謂也。因此從「中」首（☰）到「養」首（☷）是一個陰陽二氣消

---

❿ 同❽。

長的循環過程；一年之中，萬物之興衰，主要是由此陰陽二氣之消長而產生。「中」首（☰）表示陽氣將要發生作用，「陽氣潛萌於黃宮，信無不在其中」；到了「增」首（☲）表示萬物因之而成長，「陽氣蓄息，物則增益，日宣而殖」；到了「強」首（☳）表示萬物在一年中此期最為強大，「陽氣純剛乾乾，萬物莫不強梁」；到了「應」首（☳）陽氣衰退，陰氣又開始發動，「陽氣極於上，陰信萌乎下」；到了「逃」首（☲）萬物將要消亡，「陰氣章強，陽氣潛退，萬物將亡」；到了「將」首（☳）陰氣的使命完成，陽氣又要回復了，「陰氣濟物乎上，陽信將復始之乎下」陰陽二氣平等地發生作用。

《周易》以三爻為一卦，所能有的變化為八，乃有八卦重複三爻而成六爻，變化成為六十四卦；《太玄》以「—」、「--」、「---」為基本符號，每一首有四爻，象徵方、州、部、家，所有變化為三十二，《太玄》列舉了這些圖式：

☰　**中**　「陽氣潛萌于黃宮，信無不在乎中。」一方一州一部一家為中。中為中心。黃宮為土，陽氣潛藏在土中。信指一年二十四節氣的規律，規律都在乎中。中首和《周易》的「中孚」卦（☴）相像，應冬至節。

☰　**周**　「陽氣周神，而反而始，物繼其彙。」一方一州一部二家為周。周為回復。陽氣有回復的妙用，使萬物各按照自己的類，繼續發育。象《周易》的復卦（☷）。

☰　**少**　「陽氣澹然施于淵，物謙然能自韱。」一方一州二部二家爲少。陽氣很自然地在深淵裡生發，萬物自謙爲幼少，自覺纖微。象《周易》的謙卦（䷎）。

𝌙 戾 「陽氣孚微，物各乖離，而觸其類。」一方一州二部三家爲戾。陽氣微弱，物相抵觸，互相乖反。象《周易》的睽卦（䷥）。

𝌚 童 「陽氣始窺，物僮然，咸未有知。」一方二州一部三家爲童。陽氣開始出現，萬物蒙昧無知。象《周易》的蒙卦（䷃）。

𝌛 增 「陽氣蕃息，物到增益，日宣而殖。」一方二州二部一家爲增。陽氣發展，萬物增多。象《周易》的益卦（䷩）。

𝌜 銳 「陽氣岑以銳，物之生也，咸專一而不二。」一方二州二部二家爲銳。陽氣尖而鋒銳，萬物出生時常是單莖直出。象《周易》的漸卦（䷴）。

𝌝 釋 「陽氣和震，圜煦釋物，咸稅其枯而解其甲。」一方三州一部三家爲釋。陽氣和煦發動，使萬物從冬天枯凍中解開，脫去外皮，發出生意。象《周易》的解卦（䷧）。

𝌞 爭 「陽氣氾施，不偏不頗，物與爭訟，各遵其儀。」一方三州三部一家爲爭。陽氣普遍照煦，無所偏私，萬物爭相進步，各從自己的天性。象《周易》的訟卦（䷅）。

𝌟 事 「陽氣大勗昭職，物則信信各致其力。」一方三州三部三家爲事。陽氣大大的勉力闡明職守，諸物都鼓舞用力。象《周易》的蠱卦（䷑）。

𝌡 **更** 「陽氣既飛，變勢易形，物改其靈。」二方一州一部一家爲更。陽氣升天，萬物改變自己的性質。象《周易》的革卦（䷰）。

𝌥 **衆** 「陽氣信高懷齊，萬物宣明，嫭大衆多。」二方一州二部二家爲衆。嫭音乎，表示美。陽氣伸高，思齊於天，萬物茂盛。象《周易》的師卦（䷆）。

𝌧 **親** 「陽方仁愛，全眞敦篤，物咸親睦。」二方一州三部一家爲親。陽氣仁愛，純粹致力於敦篤，萬物互相親睦。象《周易》的比卦（䷇）。

𝌩 **强** 「陽氣純剛乾乾，萬物莫大彊梁。」二方一州三部三家爲強。陽氣純粹剛健，萬物都非常強盛。象《周易》的乾卦（䷀）。

𝌫 **盛** 「陽氣隆盛充塞，物窴然盡滿厥意。」二方二州一部二家爲盛。窴同塡，表示充滿。陽氣興盛充塞宇宙，萬物都能儘量發揮。象《周易》的大有卦（䷍）。

𝌯 **迎** 「陰氣成形乎下，物咸遡而迎之。」二方二州二部三家爲迎。遡表示向。陰氣興起，萬物漸衰乃傾而迎陰。象《周易》的咸卦（䷞）。

𝌰 **遇** 「陰氣始來，陽氣始往，往來相逢。」二方二州三部一家爲遇。象《周易》的姤卦（䷫）。

𝌲 **大** 「陰虛在內，陽蓬其外，物與盤盖。」二方二州三部三家爲大。陰在內，陽盛在外，萬物都像著盤和蓋。象《周易》的豐卦（䷶）。

𝌴 文 「陰斂其質，陽散其文，文質班班，萬物粲然。」二方三州一部二家爲文。陰氣收斂了形質，陽氣煥發了文采，萬物都燦爛光輝。象《周易》的渙卦（䷺）。

𝌶 逃 「陰氣章彊，陽氣潛退，萬物將亡。」二方三州二部一家爲逃。陰氣章明強大，陽氣潛逃，萬物凋謝。象《周易》的遯卦（䷠）。

𝌷 唐 「陰氣兹來，陽氣兹往，物且盪盪。」二方三州二部二家爲唐。唐表示喪失之意；盪盪表示空空。象《周易》的遯卦（䷠）。

𝌼 減 「陰氣息，陽氣消，陰盛陽衰，萬物以微。」三方一州一部一家爲減。象《周易》的損卦（䷨）。

𝌽 唫 「陰不之化，陽不之施，萬物各唫。」三方一州一部二家爲唫。唫同禁，表示閉塞。象《周易》的否卦（䷋）。

𝍃 疑 「陰陽相磑，物咸彫離，若是若非。」三方一州三部二家爲疑。磑音危，表示磨擦。陰陽勢力相等，互相磨擦，萬物凋謝零落。象《周易》的震卦（䷲）。

𝍆 內 「陰去其內而在乎外，陽去其外而在乎內，萬物之旣。」三方二州一部二家爲內。旣表示盡；陰陽互換位置，萬物將盡。象《周易》的歸妹卦（䷵）。

𝍇 去 「陽去其陰，陰去其陽，物咸倜倡。」三方二州一部三家爲去。陰陽相離棄，萬物不知適從。象《周易》的無妄卦（䷘）。

𝌭 晦　「陰登於陽，陽降於陰，物咸喪明。」三方二州二部一家爲晦。象《周易》的明夷卦（䷣）。

𝌮 窮　「陰氣塞宇，陽亡其所，萬物窮遽。」三方二州二部三家爲窮。陰氣充塞宇內，陽失其所。象《周易》的困卦（䷮）。

𝌯 劇　「陰窮大，泣于陽，無介儔，離之劇。」三方三州二部一家爲劇。陰極大，涖位在陽之上，沒有纖小的同類之物，遭罹很大的困境。象《周易》的大過卦（䷛）。

𝌰 馴　「陰氣大順，渾沌無端，莫見其根。」三方三州二部二家爲馴。陰氣順於陽。象《周易》的坤卦（䷁）。

𝌱 將　「陰氣濟物乎上，陽信將復始之乎下。」三方三州二部三家爲將。陰已完成了使命，陽氣將回。象《周易》的未濟卦（䷿）。

𝌲 養　「陰弸于野，陽蓲萬物赤之于下。」三方三州三部三家爲養。弸音朋，表示滿的意思；蓲音歎，表示隱蔽。赤指的是陽撫育萬物使成赤色。象《周易》的頤卦（䷚）。

惟以上的三十二首及其圖式似看不出所象徵之特殊意義，因爲它的四個爻，不知道究竟代表陰或陽；宇宙的運行，順從「玄」，以天爲象；天的運行，以陰陽相比相參，結成一個體系；

而這個體系，以一陽爲主，萬物藉以成形；方、州、部、家四重，各有一二三的三位，卽「—」、「--」、「---」，三與三相累積得八十一。

除了以上在陰、陽消長運行的時間和方位上是如此的變化外，《太玄》的八十一首也表示了五行的生剋，〈玄瑩〉云：「鴻本五行，九位重施，上下相因，醜在其中。」如此，世界的變化，不僅是陰陽二氣消長的表現，也是依照五行進行的；這樣的思想是與當時之天文曆算的知識有密切的聯繫，〈玄圖〉云：「陰質北斗，日月畛營，陰陽沈交，四時潛處，五行伏行。六合既混，七宿軫轉，馴幽歷微，六甲內馴。九九實有，律呂孔幽，歷數匿紀，圖象玄形，贊載成功。」揚雄沿用了陰陽五行的說法，爲五行及其生數和成數，規定了時間和方位，〈玄數〉云：「三、八爲木，爲東方，爲春。……四、九爲金，爲西方，爲秋。……二、七爲火，爲南方，爲夏。……一、六爲水，爲北方，爲冬。……五、五爲土，爲中央，爲四維。」因此，在每「天」的九首中，第一首和第六首爲水，第二首和第七首爲火，第三首和第八首爲木，第四首和第九首爲金，第五首爲土；在每「首」的九贊中，第一贊和第六贊爲水，第二贊和第七贊爲火，第三贊和第八贊爲木，第四贊和第九贊爲金，第五贊爲土；揚雄將此數目之排列，歌云之爲：「一與六共宗，二與七共朋，三與八成友，四與九同道，五與五相守。」⓫這個排列，後人以圖表之如下：

⓫ 同❽。

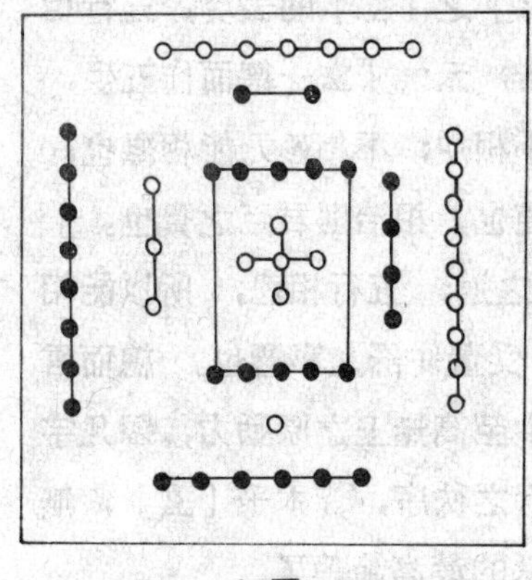
河圖

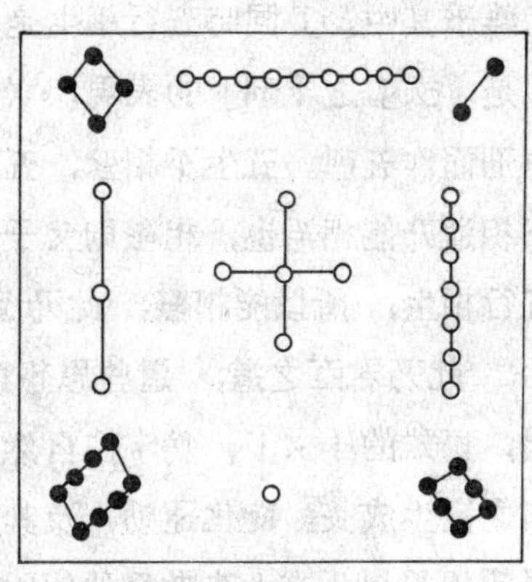
洛書

這就是後來宋代的劉牧所謂「洛書」，朱熹所謂「河圖」。不過「河圖」在中央又加了✣五個白圈，這就是完成了《易傳》所謂「天地之數」⑫；依照「河圖」的排列，每一方面都表示五行的「生數」和「成數」；下面的兩排，卽所謂「天一生水，地六成之」；上面的兩排，卽所謂「地二生火，天七成之」；左邊的兩排，卽所謂「天三生木，地八成之」；右邊的兩排，卽所謂「地四生水，天九成之」；中央的三排，卽所謂「五五生土，地十成之」；和起來就是《繫辭傳》中所謂的「凡天地之數五十有五，此所以成變化而行鬼神也。」而「洛書」蓋取龜象，故其數載九履一，左三右七，二、四爲肩，六、八爲足。揚雄認爲在以五行爲支柱的時間和空間裡，萬物錯綜地生於其中，〈玄告〉云：「五行迭王，四時不俱壯。……南北定位，東西通氣。萬物

⑫ 見《周易．繫辭上傳．第九章》云：「天一，地二；天三，地四；天五，地六；天七，地八；天九，地十。天數五，地數五，五位相得而各有合。天數二十有五，地數三十，凡天地之數五十有五，此所以成變化而行鬼神也。」

錯離乎其中。」同時五行相生是「玄」之「德」的表現，五行相剋是「玄」之「刑」的表現，〈玄告〉云：「玄一德而作五生，一刑而作五剋。五生不相殄，五剋不相逆；不相殄乃能相繼也，不相逆乃能相治也，相繼則父子之道也，相治則君臣之寶也。」五行相生，所以能相繼，此乃父子之道；五行相剋，所以能相治，此乃君臣之道；這些思想實多受董仲舒之影響也。總而言之，揚雄的「玄」，為宇宙自然界中至高無上之原動力，舉凡宇宙之發生成長，變化運動，及其運行之秩序，皆本乎「玄」，無怪乎揚雄以「玄」來做為他學說體系的最高範疇了。

二、天

《晉書・天文志》云：「古言天者有三家，一曰：蓋天；二曰：宣夜；三曰：渾天；漢靈帝時蔡邕（133～192）於朔方上書言，宣夜之學，絕無師法。《周髀》術數具存，考驗天狀，多所違失。」揚雄對天文曆數研究甚深，《太玄》之作本合乎律曆，〈玄攡〉云：「律則成物，曆則編時，律曆交道，聖人以謀。」楊泉《物理論》云：「揚雄非渾天而作蓋天，圓其蓋，左轉，日月星辰，隨而東西。桓譚難之，雄不解。此蓋天者，復難知也。元氣皓大，則稱皓天；皓然而已，無他物焉。」⓭揚雄初信蓋天

⓭ 見《太平御覽》；《北堂書鈔・卷一百三十》、《太平御覽・卷二》，並引桓譚《新論》曰：「揚子雲，好天文，問之黃門作渾天老工落下閎以渾天之說。閎曰：我少能作其事，但隨尺寸法度，殊不曉達其意。……」又《太平御覽・卷二》、《初學記・卷一》，並引桓譚《新論》曰：「通人揚子雲，因眾儒之說天，以為天如蓋轉常左旋，日月星辰隨而東西。乃圖畫形體行度，參以四時曆數，昏明晝夜，欲為世人立紀律，以垂法後嗣。余難之曰：……子雲立壞其所作，則儒家以天為左轉非也。」是知，揚雄雅好天文，且初主蓋天之說，因桓譚之論而改從渾天之說。

說，因桓譚難之，而改認爲渾天之論較蓋天更合於天象的眞實。《隋書・天文志》云:「漢末揚子雲，難蓋天八事，以通渾天。」《法言・重黎篇》云:「或問渾天，曰:落下閎營之，鮮于妄人度之，耿中丞象之，幾乎幾乎，莫之能違也。請問蓋天，曰:蓋哉蓋哉，應難未幾也。」觀此，揚雄在天文上採「渾天」之論。

揚雄同時認爲天地與宇宙是聯繫在一起的，有了天地，也就有了宇宙，而天地是從「玄」中分化出來的;〈玄攡〉云:「噓則流體，唫則凝形。是故:闔天謂之宇，闢宇謂之宙。」噓則流體是說:陽氣主發散，成爲天體而轉動;唫則凝形是說:陰氣主收斂，成爲大地而定形;闔天，是容納蓋覆天地，這就叫做宇，指的是空間;闢宇，是說天地有了開端，這就叫做宙，指的是時間;天地與宇宙是相聯的。而天地有其自己的規律，〈玄挩〉云:「遵天之度，遵天之術。」人由天地所生成，天生人，地成人形，法天道而行事則不悖矣。

揚雄對於「玄」，說得非常玄妙;但他論「天」，除了天文上的「渾天」說，以及「闔天闢宇」的觀念以外，可以說是非常簡明，同時與人拉上了密切的關係。《法言・問道篇》云:

> 「或問天，曰:吾於天與，見無爲之爲矣。或問雕刻眾形者匪天與?曰:以其不雕刻也，如物刻而雕之，焉得力而給諸?」

天是無爲的，天創生萬物，天乃造化萬物之根本，萬物眾形皆自然而然，無假造作。《法言》中對天的論述是綜合儒、道兩家思想而有的觀念，人由天地所生成，天生人，地成人形，故

《法言・孝至篇》云:「無天,何生?無地,何形?天地裕於萬物乎!萬物裕於天地乎!」《法言・修身篇》云:「天地交,萬物生;人道交,功勳成。奚其守?」天地不僅生成人,且能覆載人⓮,《法言・問神篇》云:「天俄而可度,則其覆物也淺矣。地俄而可測,則其載物也薄矣。大哉天地之爲萬物,郭五經之爲眾說郛!」揚雄以天地匹配聖人的經書,以天地爲高明博厚,不可測度,博厚則可以載物,高明則可以覆物,則天地無所不包無所不覆矣。

《詩經・大雅》云:「天生烝民,有物有則,民之秉彝,好是懿德。」揚雄在《法言・序》亦云:「天降生民,倥侗顓蒙,恣乎情性,聰明不開,訓諸理,譔學行。」《法言・問道篇》亦云:「天之肇降生民,使其目見耳聞,是以視之禮,聽之樂。」他接受了經書中天的觀念,天不僅是創生萬物的主體,同時也是人仿效的對象,人之成聖、成德必須敬天、尊天,聖人神明,其德如天,無微不察,周知萬物。《法言・修身篇》云:

> 「或問眾人?曰:富貴生。賢者?曰:義。聖人?曰:神。觀乎賢人,則見眾人;觀乎聖人,則見賢人;觀乎天地,則見聖人。天下有三好:眾人好己從,賢人好己正,聖人好己師。天下有三檢:眾人用家檢,賢人用國檢,聖人用天下檢。天下有三門:由於情欲,入自禽門;由於禮義,入自人門;由於獨智,入自聖門。」

⓮ 見《中庸・第二十六章》曰:「天地之道,可一言而盡也,其爲物不貳,則其生物不測。……今夫天,……萬物覆焉。今夫地……萬物載焉。」

《法言・問明篇》云:

「或問明? 曰: 微。或曰: 微何如其明也? 曰: 微而見之, 明其誖乎聰明其至矣乎! 不聰實無耳也; 不明, 實無目也。敢問大聰明? 曰: 眩眩乎惟天爲聰, 惟天爲明, 夫能高其目而下其耳者, 匪天也夫。」

與天相關聯, 揚雄談到了命的問題, 他承認有命, 但同時也肯定了人爲的作用, 《法言・問明篇》云:

「或問命? 曰: 命者天之命也, 非人爲也, 人爲不爲命。請問人爲? 曰: 可以存亡, 可以死生, 非命也, 命不可避也。或曰: 顏氏之子, 冉氏之孫。曰: 以其無避也, 若立巖牆之下, 動而征病, 行而招死, 命乎命乎! 」

揚雄在《法言・重黎篇》中又提到楚漢相爭, 劉邦能盡羣策羣力之用, 所以得勝; 項羽憎惡羣策而不用, 卻自竭其力, 所以失敗。揚雄不以項羽的敗亡爲天命, 而認爲是人爲所使然; 〈重黎篇〉云:

「或問楚敗垓下, 方死; 曰: 天也; 諒乎? 曰: 漢屈羣策, 羣策屈羣力, 楚憞羣策而自屈其力。屈人者克, 自屈者負, 天曷故焉? 」

揚雄還對孟子所謂「五百年必有王者興，其間必有名世者」的理論⑮，提出異議，《法言・五百篇》云:

> 「或問五百歲而聖人出，有諸? 曰: 堯、舜、禹，君臣也，而並; 文、武、周公，父子也，而處; 湯、孔子數百歲而生。因往以推來，雖千一不可知也。」

堯、舜、禹同時並生，文、武、周公一時並處，禹至湯，周公至孔子，相距數百年，或千歲而生一，這是不能預知的，又何以須如孟子所言? 揚雄提出了修正的看法。

⑮ 見《孟子・公孫丑篇》下。

第四章　知識與方法

一、知識學

揚雄重視智，強調知識的重要，徐復觀謂：「揚雄承述儒家仁、義、禮、智、信之通義，然其眞正有得者乃在智的這一方面，因爲他一生的努力，都可以說是智性的活動。」❶《法言·問道篇》云：「智也者知也；夫智，用不用，益不益，則不贅虧矣。」知是對智的對象的理解；智所不及的客觀世界，對人而言，都是一團混沌，實際則是生命自身在此一方面的一團混沌，在此混沌中，不能把握客觀世界，不能在主體與客體之間架一道確切連結的橋樑，於是客體與人的主體，成爲不相干的存在，主體的自身也不能確定自己存在的位置，人在此一階段的存在，是因混沌而飄浮窘縮的存在，所以人的進步，必首先表現在知的方面；而智所追求的是「微」、是「大」、是「遠」，故揚雄學術的目標所要追求的是天人性命的貫通一體，亦卽是以天人合一爲智所追求的最高目標；而此一目標之達成，必有賴於主體與客體之間的會通，爲了方便分析揚雄知識學中，所謂的知識主體與客

---

❶ 見徐復觀《兩漢思想史·卷二·揚雄論究》，頁 519。

體，我們採用傳統的中國哲學之觀點，以心、性爲知識的主體，而此心、性是可與天合一的，是具有形上本體意義的主體，亦卽是道德主體，所以揚雄亦以仁、義、禮、智、信爲知識主體的目標；我們也以道、禮、樂、法作爲知識之對象，卽客體；同時以學之作用、方法與目標來作爲知識的方法，以探究他知識學的內容。

1.知識的主體、對象與方法

甲 知識的主體

揚雄在《法言·問神篇》裡首先充分地肯定人的認識能力，肯定世界是可知的，人類有認識客觀事物及其規律的能力，其言曰:

> 「或問神。曰：心。請問之。曰：潛天而天，潛地而地。天、地，神明而不測者也，心之潛也，猶將測之，況於人乎？況於事倫乎？敢問潛心於聖。曰：昔乎仲尼潛心於文王矣，達之；顏淵亦潛心於仲尼矣，未達一間耳。神在所潛而已矣。天神明，天照知四方；天精天粹，萬物作類。人心其神矣乎！操則存，舍則亡。能常操而存者，其惟聖人乎！聖人存神索至，成天下之大順，致天下之大利，和同天人之際，使之無間也。」

神是微妙之義，又有明亮之義。潛是深入鑽研。索至，是追求最深的道理。心卽是神，天、地是微妙深奧的，心卻能認識天、地，更能認識人間的事理。人心也有微妙的作用，能照知一切事物，聖人研求最深的道理，就能調和天人，而成天下之大順、大利；因此，心是認知天、地、人、事物的主體，也是與天地神明合一的形上本體，能存此心此神，以達天人合一之境界的就是聖人，而未達一間者就是賢人；通過此心，應該認識天、地和人，對於自然界和人類生活無所不知，「通天地人曰儒，通天地而不通人曰伎。」❷既要了解自然規律，也要懂得人類的生活。

揚雄認為人的視、聽、言、貌、思的知識活動是屬於性的，正因為「人之性也，善惡混。」❸做為人之主體中的性，善惡是相混雜的，性中既有善又有惡，不是只有善或只有惡，人們如果修善就能克服性中的惡而成為善人，如果修惡就會消除性中的善成為惡人，《法言・學行篇》云：「鳥獸觸其情者也，眾人則異乎！賢人則異眾人矣，聖人則異賢人矣。禮義之作，有以矣夫！人而不學，雖無憂，如禽何？學而，所以求為君子也，求而不得者有矣夫，未有不求而得之者也。」鳥獸、眾人、聖人都不同，人們應當努力爭取成為君子；如果順從放縱情欲，就會同於禽獸；如果遵循禮義行事，就會成為君子。「天下有三門：由於情欲，入自禽門；由於禮義，入自人門；由於獨智，入自聖門。」❹如何做，方能不入禽門而入人門乃至聖門呢？揚雄認為關鍵在於修性，《法言・學行篇》云：

> 「學者，所以修性也。視、聽、言、貌、思，性所有也。學則正，否則邪。……習乎習！以習非之勝是也，況習是

---

❷ 見《法言・君子篇》。
❸ 見《法言・修身篇》。
❹ 同上。

之勝非乎？於戲！學者審其是而已矣。」

修性，乃爲後天的學習與修養，揚雄認爲視、聽、言、貌、思，是屬性的，加強修養，以正壓邪，以是勝非，揚善去惡；也就是說，要遵守道、德、仁、義、禮、智、信，以使道德主體的心、性顯發出來；人要存神明的心，同時也要修其善性，故仁、義、禮、智、信之德自屬重要，《法言・修身篇》云：

「或問：士何如斯可以禔身？曰：其爲中也弘深，其爲外也肅括，則可以禔身矣。君子微愼厥德，悔吝不至，何元憞之有？上士之耳訓乎德，下士之耳順乎己，言不慙，行不耻者，孔子憚焉。」

「或問：仁、義、禮、智、信之用。曰：仁，宅也；義，路也；禮，服也；知，燭也；信，符也。處宅，由路，正服，明燭，執符。君子不動，動斯得矣。」

揚雄強調知識的重要，其所崇尚的智是聖人的德智，並非脫離了聖人的知識；因此，智有其作用，《法言・問明篇》云：

「或問：人何尚？曰：尚智。曰：多以智殺身者，何其尚？曰：昔乎皋陶以其智爲帝謨，殺身者遠矣。箕子以其智爲武王陳洪範，殺身者遠矣。仲尼，聖人也，或者劣諸子貢。子貢辭而精之，然後廓如也。於戲！觀書者違子貢雖多，亦何以爲盛哉？……」

智如果用之不當，可能橫遭殺身，如用之適當，則可遠離殺身之禍。另外在〈寡見篇〉裡揚雄認爲渡海須用舟，乘舟須用楫，解決實際的問題，須用知識，知識所以有用，在於有知識卽可以有預見，其言曰:

「灝灝之海濟，樓航之力也。航人無楫，如航何? 或曰: 奔壘之車，沈流之航，可乎? 曰: 否。或曰: 焉用智? 曰: 用智於未奔沈。大寒而後索衣裘，不亦晚乎? 」

人之性，善惡混，修其善則爲善人，修其惡則爲惡人，聖人行善，一切自然，正如孔子所謂:「四十而不惑，五十而知天命，六十而耳順，七十而從心所欲，不踰矩。」❺賢人則戰戰兢兢，事事謹愼，耳擇口擇；眾人不知謹愼而無擇焉。眾人爲富貴而生，賢人則行義，聖人生來神明；眾人順從自己的嗜好，賢人常改正自己的缺點，聖人自己做自己的老師；眾人用家法，賢人用國法，而聖人用天下法。故《法言・修身篇》云:

「或問眾人? 曰: 富貴生。賢者? 曰: 義。聖人? 曰: 神。觀乎賢人，則見眾人；觀乎聖人，則見賢人；觀乎天地，則見聖人。天下有三好: 眾人好己從，賢人好己正，聖人好己師。天下有三檢: 眾人用家檢，賢人用國檢，聖人用天下檢。」

就知識的主體之心性與以仁、義、禮、智、信爲知識主體的

---

❺ 見《論語・爲政篇》。

目標而言，人當學爲聖人，聖人神明，有如天的神明，天高高在上，然無微不察，周知萬物，蓋「眩眩乎惟天爲聰，惟天爲明，夫能高其目而下其耳者，匪天也夫。」❻聖人生性神明，與天相接，自然行善，教民禮樂。聖人不易企及，退而求之，亦當爲君子人；揚雄認爲人人都可以爲君子，爲君子之道必當平易近人，「簡而易用」、「要而易守」、「炳而易見」、「法而易言」的；而且君子的內心生活是充實的，外在的表現是具威儀的，出言成章，動則成德，《法言・君子篇》云:

> 「或問:君子言則成文，動則成德，何以也?曰:以其弸中而彪外也，般之揮斤，羿之激矢；君子不言，言必有中也；不行，行必有稱也。或問:君子之柔剛?曰:君子於仁也柔，於義也剛。」

君子之道較諸聖人之道雖易，然亦必當努力爲之，「學者所以求爲君子也，求而不得有矣夫，未有不求而得之者。」❼若不能爲君子，則至少應當是個人，孟子曾謂人與禽獸的分別很少，揚雄認爲順從情欲則入於禽獸，順從禮義則成爲人；仁義由禮樂去培植，若沒有禮樂，就是有目有耳，有何用處?「如視不禮，聽不樂，雖有民焉得而塗諸!」❽那麼如何才算是人呢?《法言・修身篇》云:

---

❻ 見《法言・問明篇》。
❼ 見《法言・學行篇》。
❽ 見《法言・問道篇》。

「或問：何如斯謂之人？曰：取四重去四輕，則可謂之人。曰：何謂四重？曰：重言、重行、重貌、重好。言重則有法，行重則有德，貌重則有威，好重則有觀。敢問四輕？曰：言輕則招憂，行輕則招辜，貌輕則招辱，好輕則招淫。」

是知，爲人當取「四重」，言語愼重，則有法度；行爲謹愼，則有道德；容貌端重，則有威嚴；喜好擇重，則可觀望。反之，取「四輕」者，言語輕薄，則招致憂患；行爲輕薄，則招致罪過；容貌輕薄，則招致恥辱；喜好無擇，則招致淫邪；因此，謹愼行使「四重」，則不失其爲修身以做人之方，亦可使此道德主體臻於至善之境。

乙　知識的對象

揚雄主張人應知其大知，而「師之貴也，知大知也。」❾大知才是眞正的智；而知識的對象，亦卽知識的客體，如同知識之主體一般，是離不開形上本體的，且兩者息息相關。揚雄論知識之對象，是通過道、禮樂與法去認知的；首先，他認爲道是無所不通的形上本體，學者求存心養性，爲求應有求之道，「大人之學也爲道，小人之學也爲利，子爲道乎？爲利乎？」❿人之修性存心的道何在？《法言・問道篇》云：

「或問道？曰：道也者，通也，無不通也。或曰：可以適它與？曰：適堯舜文王者爲正道，非堯舜文王者爲它道，

---

❾　同❻。
❿　同❼。

君子正而不它。」

通到堯舜文王之道者，爲聖人之道，他以知道聖人之正道者爲眞正的、最高的知識，而以聖人之正道爲眞正的知識之對象；聖人之道，著在五經，五經爲人生之道，五經所言之道，即是道，是德，是仁、義、禮、智、信，經由此，則可以達到聖賢的境界；《法言・問道篇》云：

「道、德、仁、義、禮，譬諸身乎！夫道以導之，德以得之，仁以人之，義以宜之，禮以體之，天也。合則渾，離則散。一人而兼統四體者，其身全乎！」

在《法言・修身篇》亦有「仁義禮智信之用」的解說，「孔子講智、仁、勇，孟子講仁、義、禮、智，漢朝儒者因著五行而講五常，乃有仁、義、禮、智、信，揚雄對於五德，以及道德兩詞的解釋，都是沿用儒家的傳統思想。」⓫除此，揚雄強調了聞見的重要，以爲「多聞則守之以約，多見則守之以卓。寡聞則無約也，寡見則無卓也。」⓬「多聞見而識乎正道者，至識也。多聞見而識乎邪道者，迷識也。」⓭既要多聞多見，又要有簡約的卓識，而卓識必當以多聞多見爲基礎；揚雄既重視聞見，所以肯定學的作用，反對老莊「學無益」的觀點；《老子》也曾說「絕

⓫ 見羅光《中國哲學思想史・兩漢南北朝篇・揚雄的哲學思想》，頁249。

⓬ 見《法言・吾子篇》。

⓭ 見《法言・寡見篇》。

學無憂」⑭，揚雄則以爲不學固然可以無憂，但與禽獸卻沒有區別了；他在《法言·學行篇》云：

「或曰：學無益也，如質何？曰：未之思矣，夫有刀者礲諸，有玉者錯諸；不礲不錯，焉攸用？」

「人而不學，雖無憂，如禽何？學者所以求爲君子也；求而不得者有矣夫，未有不求而得之者也。」

再其次，我們研究做爲知識對象的禮樂；禮是德的本體，沒有禮，也就沒有德，「川有防，器有範，則禮教之至也。」⑮教化的施行，以禮樂爲先，聖人順乎人情而制訂禮之節文與中正之聲的雅樂，其目的在預防罪惡的產生與道德的敗壞，使人人都能在禮樂的節制、調和下，日趨於向善而不自知，此乃潛移默化之功能，尤見禮樂之重要。《法言·問道篇》云：

「或曰：孰若無禮而德？曰：禮，體也，人而無禮，焉以爲德？……老子之言道德，吾有取焉耳。及搥提仁義，絕滅禮樂，吾無取焉耳。……允治天下，不待禮文與五教，則吾以黃帝、堯、舜爲疣贅。」

「聖人之治天下也，礙諸以禮樂。無則禽，異則貉。吾見諸子之小禮樂也，不見聖人之小禮樂也。孰有書不由筆，言不由舌？吾見天常爲帝王之筆舌也。智也者，知也；夫智用不用，益不益，則不贅虧矣。深知器械、舟車、宮室

⑭ 見《老子·二十章》。
⑮ 見《法言·五百篇》。

之爲，則禮由己。」

觀此，揚雄以爲禮如人之身，無禮則不能爲德；聖人治理天下，以禮樂爲天常，以禮樂防制人欲，使之成爲人而不淪爲禽獸；中正之聲的雅樂才是聖人教化之內涵，非以鄭、衛之聲爲取也；《法言・吾子篇》云：

「或問：交五聲，十二律也，或雅或鄭，何也？曰：中正則雅，多哇則鄭。請問本？曰：黃鐘以生之，中正以平之，確乎鄭、衛不能入也。」

古代聖王所以能無爲而治，那是因爲法度彰、禮樂著，因而揚雄以爲一個國家如果沒有法度，則該國政治一定不能上軌道，社會一定不能安定，「爲國不廸其法，而望其有效，譬諸算乎！」⑯沒有法度的限制，百姓就沒有綱紀可循；沒有綱紀可循，那麼對於禮義也就怠忽，於是僭亂邪僻因之而作；不過揚雄所謂的法度，乃是指禮義而言，並非指刑罰來說的；「秦之有司，負秦之法度；秦之法度，負聖人之法度。秦弘違天地之道，而天地違秦亦弘矣。」⑰秦之法度，以刑罰爲主，已經有違聖人之法度，而秦之有司更甚之，故揚雄極力指責；聖人之法，是本天地而生的，是合乎禮義的法則，故其所主張的法，也是唐堯、虞舜、成周之聖王之法，《法言・問道篇》云：

---

⑯ 見《法言・先知篇》。
⑰ 同⑬。

「或曰：太上無法而治，法非所以爲治也。曰：鴻荒之世，聖人惡之，是以法始乎伏羲，而成乎堯。匪伏匪堯，禮義哨哨，聖人不取也。……或曰：刑名非道邪？何自然也！曰：何必刑名？圍棋、擊劍，反目眩形，亦皆自然也。由其大者作正道，由其小者作姦道。或曰：申、韓之法非法與？曰：法者，謂唐、虞、成周之法也。如申、韓？如申、韓？莊周、申、韓不乖寡聖人，而漸諸篇，則顏氏之子，閔氏之孫，其如臺？」

丙　知識的方法

我們在分析完揚雄所謂知識的主體與客體後，當再論其知識的方法；揚雄認爲知識的方法，首重於學，而爲學的方法，大致是來自荀子的思想；揚雄在《法言・學行篇》開宗明義就說：「學，行之上也；言之，次也；教人，又其次也；咸無焉，爲眾人。」人有學問，又能實行者爲第一等；能著書立說者爲次一等；能教人者爲第三等；若無學問又沒有上述之作爲者，乃是平庸之凡人。爲人應該以學問治其性，依思考精其道，與友砥礪琢磨，以名譽尊崇之，並且要努力不斷的完成，〈學行篇〉云：「學以治之，思以精之，朋友以磨之，名譽以崇之，不倦以終之，可謂好學也已矣。」

另外在〈學行篇〉又云：「孔子習周公者也，顏淵習孔子者也。」「習乎習；以習非之勝是也，況習是之勝非乎。於戲！學者審其是而已矣。或曰：焉知是而習之？曰：視日月而知眾星之蔑也。仰聖人而知眾說之小也。」這兩句話中所謂的「習」，實乃同於荀子所謂的「積」。〈學行篇〉又云：「或問進。曰：水也。或曰：爲其不捨晝夜與？曰：有是哉！滿而後漸者其水乎？」而此「漸」的意思，是不同於荀子之所謂的「漸」，荀子之所謂的「漸」⑱，實同於揚雄之所謂的「習」。揚雄言學的功效及所言治學之方，雖來自荀子，然荀子之言，在規模與意境上，遠較揚雄爲深遠廣大，此兩漢學術不及先秦之一端⑲。

除了「習」，揚雄認爲治學求知的方法，還應從師與多聞，「師哉！師哉！桐子之命也；務學不如務求師；師者，人之模範。」⑳從師乃遵從老師之教導，老師是人羣的模範，學子必當遵其教誨以求正道。多聞博見則可以增長知識，並能從所獲得的知識中擇其善者而從之，故「多聞則守之以約，多見則守之以卓。」㉑人若多聞博學則可以成爲智者，惟智者能得眞知，能得道。

再就學的目的而言，揚雄認爲是爲道不是爲利的；這一點實不同於當時災異讖緯思想盛行之下，博士儒生以經學爲獵取利祿之工具的觀念；因而就爲學乃求知之道的觀點言，他以爲大人之學的目的是道，小人之學的目的是利，道與利是相對立的，惟其得道以爲聖人，才是學的眞正目的，《法言・學行篇》云：

> 「大人之學也，爲道；小人之學也，爲利。子爲道乎？爲利乎？或曰：耕不穫，獵不饗，耕獵乎？曰：耕道而得道，獵德而得德，是穫饗已。吾不覿參辰之相比也，是以

---

⑱ 見《荀子・勸學篇》。
⑲ 同❶，頁 518。
⑳ 同❼。
㉑ 同⓬。

君子貴遷善，遷善者聖人之徒與！……或謂：子之治產，不如丹圭之富。曰：吾聞先生相與言，則以仁與義；市井相與言，則以財與利。如其富？如其富？」

人若無學，則與禽獸無異；禽獸之行動受邪情所支配，而人則不同，賢人與一般人不同，聖人又和賢人不同，禮義的制定是有道理的，其學問可以成德，可以審過，可以盡性；因此，學的目的是學禮義以成爲君子、賢人、聖人；《法言・學行篇》云：

「鳥獸觸其情者也，衆人則異乎！賢人則異衆人矣，聖人則異賢人矣。禮義之作，有以矣夫！人而不學，雖無憂，如禽何？學者，所以求爲君子也。求而不得者有矣夫，未有不求而得之者也。睎驥之馬，亦驥之乘也。睎顏之人，亦顏之徒也。」

2.論眞理

揚雄認爲「言」是用來表達思想的，「書」是用來記錄語言的，「言」與「書」都應該以明白清楚爲要，《法言・問神篇》云：

「言不能達其心，書不能達其言，難矣哉！惟聖人得言之解，得書之體。白日以照之，江河以滌之，灝灝乎其莫之禦也。面相之，辭相適，捈中心之所欲，通諸人之嚍嚍者，莫如言。彌綸天下之事，記久明遠，著古昔之㖧㖧，傳千里之忞忞者，莫如書。故言心聲也，書心畫也。聲畫形，君子、小人見矣。」

按李軌注:「嚍嚍，猶憒憒也。」「昬昬，目所不見；忞忞，心所不了。」揚雄自己的言辭，雖沒有做到「白日以照之，江河以滌之」，但他主張言辭須明白淸楚，卻還是正確的；在這句話當中， 他肯定了言的表達作用。 接著， 揚雄更提出了「言必有驗」的主張，〈問神篇〉云:

「君子之言，幽必有驗乎明，遠必有驗乎近，大必有驗乎小，微必有驗乎著；無驗而言之謂妄；君子妄乎不妄！」

意思是說，幽遠深邃問題的言論必須有明顯切近的經驗作驗證，範圍廣大問題的言論必須有微小事實的驗證，細微渺小問題的言論必須有顯著事實的驗證；沒有驗證的言論是妄言；揚雄主張各種言論都必須有相對應的事實與經驗作驗證，以驗證爲眞，無驗證爲妄。 有驗之言， 也就是與事實相符合的言辭， 揚雄於〈吾子篇〉云:「或問君子尙辭乎？曰：君子事之爲尙。事勝辭則伉，辭勝事則賦，事辭稱則經。」事勝辭，辭不能儘量表述事實， 失之粗直；辭勝事， 辭超出了事實， 失之虛浮。事、辭相稱，才是標準。這樣以「有驗爲眞，無驗爲妄」的思想，「乃西洋知識學的求證法，卽言與實相合者爲眞，言與實相反者爲假的定理。」㉒

㉒ 見張振東《中西知識學比較研究》，臺北，中央文物供應社，民國七十二年二月版，頁 129。

荀子重視經驗之學，要求人性的學說須講求「辨合符驗」，揚雄也主張「無驗而言之謂妄」，後世王充亦主「注重效驗」的精神，這說明他們有著相同的觀點；荀子有了這樣的觀點，使他破除了附著於天象之上的一切迷信，而主張「天人之分」；揚雄、王充能從天人感應的信仰中掙脫出來，而主張「疾虛妄」；大抵有著相同的意義。蓋「荀子在知識問題方面，持一接近經驗主義之觀點」㉓，事物的同異卽是由其呈現於知覺中之性質不同以定之，亦卽荀子主張，人們須先通過自己的感官才能分辨客觀的事物。故曰：「然則，何緣而以同異？曰：緣天官。」㉔天官指的是人本有之認知能力而言，其下又云：

> 「形體色理，以目異。聲音清濁，調竽奇聲，以耳異。甘苦鹹淡，辛酸奇味，以口異。香臭芳鬱，腥臊洒酸奇臭，以鼻異。疾養滄熱，滑鈹輕重，以形體異。說故喜怒哀樂愛惡欲，以心異。心有徵知，徵知，則緣耳而知聲可也，緣目而知形可也。然而徵知必將待天官之當簿，其類然後可也。」

以一切「知覺」乃由「徵知之自覺」通過「知覺官能」而生出，故以「緣耳」、「緣目」爲喩。荀子雖將通過感官所得到的感性認識作爲認識事物之基礎，但他並不以感性認識爲滿足，更把感性認識提升到理性的層次，《荀子・解蔽篇》云：

㉓ 見勞思光《中國哲學史・第一卷》，香港，崇基書店，一九六八年正月初版，頁 276。

㉔ 見《荀子・正名篇》。

「凡觀物有疑，中心不定，則外物不清。吾慮不清，則未可定然否也。冥冥而行者，見寢石以爲伏虎也，見植林以爲後人也，冥冥蔽其明也。醉者越百步之溝，以爲蹞步之澮也；俯而出城門，以爲小之閨也，酒亂其神也。厭目而視者，視一以爲兩；掩耳而聽者，聽漠漠而以爲哅哅，勢亂其官也。故從山上望牛者若羊，而求羊者不下牽也，遠蔽其大也。從山下望木者，十仞之木若箸，而求箸者不上折也，高蔽其長也。水動而景搖，人不以定美惡，水勢玄也。瞽者仰視而不見星，人不以定有無，用精惑也。有人焉以此時定物，則世之愚者也。彼愚者之定物，以疑決疑，決必不當，夫苟不當，安能無過乎？」

揚雄「肯定人的認識能力的主體：心」、「無驗而言之謂妄」與王充所謂：「夫論不留精澄意，苟以外效立事是非，信聞見於外，不詮訂於內，是用耳目論，不以心意議也。」、「事莫明於有效，論莫定於有證。」㉕重視實效檢驗的看法類似。又荀子云：「故善言古者，必有節于今。善言天者，必有徵於人。凡論者貴其有辨合有符驗，故坐而言之，起而可設，張而可施行。」㉖亦與揚雄注重驗證的精神是沒有兩樣的。至於客觀的事物是否可以認識？荀子云：「凡以知人之性也，可以知物之理也。以可以知人之性，求可以知物之理，而無所疑止之，則沒世窮年不能

㉕　見《論衡・薄葬篇》。
㉖　見《荀子・性惡篇》。

徧也。」㉗意謂著人具有認識的能力，是人的本性所決定；客觀事物具有被認識的條件，是物「可以知」的根據。以具有認識能力的人去認識可被認識的事物，只要確定一個範圍，是可以達到認識的目的；如果不確定認識的範圍，那就「沒世窮年不能徧。」這些觀點亦實與揚雄論知識之主體與客體理論相近。

二、辯證法中的「變」與「反」

《太玄》中有關於「變」與「反」的學說，「變」是現象的推移，「反」是對立的轉化；揚雄繼承了《周易》、《老子》中的辯證法之觀念，在某些方面有所發揮。〈太玄賦〉曾云：「觀大易之損益兮，覽老氏之倚伏。省憂喜之共門兮，察吉凶之同域。皦皦者乎日月兮，何俗聖之暗燭？……雷隆隆而輒息兮，火猶熾而速滅。自夫物有盛衰兮，況人事之所極？」這就是說，一切事物都是變化的，對立的兩方面互相轉化，因爲互相轉化，所以是互相聯結、統一的。所謂「共門」、「共域」卽是統一的意思。揚雄看到許多對立，〈玄文〉云：「出冥入冥，新故更代，陰陽迭循，清濁相廢；將來者進，成功者退；已用則賤，當時則貴；天文地質，不易厥位。」天地萬物都表現對立，有些對立是相互轉化，相互推移的，也有些對立是不能相互轉化的。〈玄攡〉云：

「一判一合，天地備矣；天日回行，剛柔接矣；還復其

㉗ 見《荀子・解蔽篇》。

所，終始定矣。」

天地、剛柔、終始，都是相互對立的，其中剛柔、終始是相互推移的；一始一終，最後是還復其所。〈玄測〉云：「極盛不救，天道反也。」㉘、「盛則入衰，窮則更生，有實有虛，流、止無常。」反是天道，盛衰虛實，都是相互轉化的；揚雄肯定對立的普遍性，但不認為一切對立都相互轉化。〈玄告〉云：

「天、地相對，日、月相劘，山、川相流，輕、重相浮，陰、陽相續，尊、卑不相黷。」

天、地上下對立，日、月有時相互掩遮，川自山下流出，輕者浮於重者之上，陰、陽相互推移，尊、卑卻不能接近；揚雄認為天地、尊卑之間沒有相互轉化的關係。揚雄關於對立轉化的思想，有一個特點，即強調轉化的條件；他認為事物的發展，達到一定限度，然後轉化為其相反，如果未到一定的限度，則不能轉化為相反，〈玄攡〉云：

「陽不極則陰不萌，陰不極則陽不芽。極寒生熱，極熱生寒。信道致詘，詘道致信。其動也日造其所無，而好其所新；其靜也日減其所為，而損其所成。」

陰陽、寒熱、屈伸，都是相互轉化的，轉化的限度叫做「

㉘ 見《太玄・玄測》，「盛」首（三）：「上九，極盛不救，禍降自天。測曰：極盛不救，天道反也。」

極」，極則必反，不極則不反。在發展的時候，日日增加新的內容，到一定限度之後，就日日減損了，正〈玄瑩〉所謂：「福不醜不能生禍，禍不好不能成福。」如果享福而不作惡，不至於得禍，如果遭禍而不修善，亦不能得福；禍、福轉化是有條件的，〈玄文〉云：

「陰不極則陽不生，亂不極則德不形。君子修德以俟時，不先時而起，不後時而縮，動、止、微、章，不失其法者，其唯君子乎！」

事物的變化以時間條件爲轉移，所以行動要適合於當時的情況；關於事物的發展和變化，揚雄於上言：「其動也日造其所無，而好其所新；其靜也日減其所爲，而損其所成。」深究之，其所言乃指運動與靜止之關係，其意是指事物之運動可以每天創作出過去未曾有的東西，而靜止卻是使事物每天喪失自己原有的東西而走向衰亡；此觀點乃《周易・繫辭傳》中所謂：「日新之謂盛德，生生之謂易。」的思想。再則，揚雄還認爲事物在變化的過程中有繼承，也有變革，〈玄瑩〉云：

「夫道有因，有循，有革，有化。因而循之，與道神之；革而化之，與時宜之。故因而能革，天道乃得；革而能因，天道乃馴。夫物不因不生，不革不成。故知因而不知革，物失其則；知革而不知因，物失其均。革之匪時，物失其基；因之匪理，物喪其紀。」

「因」與「革」是相對立的，在事物變化的過程中，都是不可缺少的。就一年四季之變化而言，春天是繼承冬天而來，非憑空出現的，這是「因」。但春天和冬天畢竟是兩個不同之季節，春天又是對冬天的否定，這就是「革」。有「革」而無「因」，事物不能發生；有「因」而無「革」，事物沒有發展，這就是所謂「不因不生，不革不成。」揚雄認爲，「因」和「革」，都是要合乎自己的規律。「革」要合乎「時」，「因」要合乎「理」，如此，事物就可以順利發展；將「因」與「革」做爲事物發展之規律，也正就是「革之時大矣哉！」㉙的思想之發展。

揚雄認爲，事物變化都有三個階段，而每一個階段又可分爲三個小階段，共有九個階段，他將一年分爲九段，稱爲九天，〈玄數〉云：

「九天：一爲中天，二爲羨天，三爲從天，四爲更天，五爲睟天，六爲廓天，七爲減天，八爲沈天，九爲成天。」

所謂的九天，他在〈玄圖〉中解釋云：「始哉中、羨、從，百卉權輿，乃訊應天，……中哉更、睟、廓，象天重明，雷風炫焕，……終哉減、沈、成，天根還向，成氣收精……。」中天始於冬至，經過羨天、從天，到達春初，百草開始生長；更天、睟天、廓天，當春夏之時，雷風震動萬物；減天、沈天、成天，當秋冬之際，草木結成果實；揚雄敍述了一年變化的過程，且再總

㉙　見《周易・革卦・彖傳》：「彖曰：……天地革而四時成，湯武革命，順乎天而應乎人，革之時大矣哉！」

述九天，於〈玄圖〉又云：

「誠有內者存乎中，宣而出者存乎羨，雲行雨施存乎從，變節易度存乎更，珍光淳全存乎睟，虛中弘外存乎廓，削退消部存乎減，降隊幽藏存乎沈，考終性命存乎成。是故一至九者，陰、陽消息之計邪。反而陳之，子則陽生於十一月，陰終於十月可見也，午則陰生於五月，陽終於四月可見也。」

此乃依陰、陽二氣之消、長來講述一年之變化過程，陽氣由初生而開展以達極盛，陰氣就起來逐漸勝過了陽氣。揚雄根據如此之立論，又提出了人事九段之說，他認為天有「始、中、終」三變，人事上則有「思、福、禍」三變，而「思、福、禍」三者又各有三段，共分為九段，〈玄告〉云：

「天三據而乃成，故謂之始、中、終；地三據而乃形，故謂之下、中、上；人三據而乃著，故謂之思、福、禍。」

此處所謂的「三據」是「三位」的意思，也就是指的三段，揚雄在〈玄數〉中說明了人事的九段說，「九事，一為規模，二為方沮，三為自如，四為外它，五為中和，六為盛多，七為消，八為耗，九為盡弊。」規模指開始設想的意思；方沮是指將做而又遲疑的意思；自如，尚未實施；外它，見諸實施；中和是指恰到好處；盛多指過剩而言；消、耗指消失耗損而言；盡弊指陳舊而言；揚雄據此更詳細地在〈玄圖〉中論述，其言曰：

「思心乎一，反復乎二，成意乎三，條暢乎四，著明乎五，極大乎六，敗損乎七，剝落乎八，殄絕乎九。生神莫先乎一，中和莫盛乎五，倨劇莫困乎九。夫一也者，思之微者也；四也者，福之資者也；七也者，禍之階者也；三也者，思之崇者也；六也者，福之隆者也；九也者，禍之窮者也。二、五、八，三者之中也。……自一至三者貧賤而心勞，四至六者富貴而尊高，七至九者離咎而犯菑。五以下作息，五以上作消。數多者見貴而實索，數少者見賤而實饒，息與消糾，貴與賤交。福至而禍逝，禍至而福逃，幽潛道卑，亢極道高。」

揚雄以三段擴之爲九段，作爲人事變化的思想，肯定了新生事物能壯大發展，而舊有事物將衰敗以至於消滅，實具辯證之意義。同時，他模仿《周易》所謂的「元、亨、利、貞」而提出了「罔、直、蒙、酋、冥」的觀念，來作爲事物由始至終的變化公式，〈玄文〉云：

「罔、直、蒙、酋、冥。罔，北方也，冬也，未有形也。直，東方也，春也，質而未有文也。蒙，南方也，夏也，物之修長也，皆可得而載也。酋，西方也，秋也，物皆成象而就也。有形則復於無形，故曰冥。……故罔者，有之舍也；直者，文之素也；蒙者，亡之主也；酋者，生之府也；冥者，明之藏也。罔舍其氣，直觸其類，蒙極其修，酋考其就，冥反其奧；罔蒙相極，直酋相敕，出冥入冥，新故更代，陰陽迭循，清濁相廢，將來者進，成功者退。……」

罔是未形，直是樸素，蒙是豐盛，酋是成就，冥是幽暗；罔、直、蒙、酋，與四方、四時相配合，而萬物皆出於冥又入於冥；揚雄這樣的思想實無法與具深邃意義之《周易》的「元、亨、利、貞」相比擬，而且也未對後世產生思想的影響性；雖然如此，揚雄的「變」與「反」，就整個辯證系統之觀點言，仍是《太玄》一書中極具價值的思想。

第五章　人性與教養

人性論是中國哲學中一個十分突出而重要的問題，它一直吸引著哲學家們的關切與興趣，爭論熱烈，異說紛繁。而從人性做出發，所涉及到的道德修身和教育的理論與設施，也就成爲中國哲學中的重要課題。本章主旨在研究揚雄的人性論與教養論，從人性論當中他是否把握了先秦儒家的人性論思想？從教養論當中他是否與先秦儒家思想相契合？並能就和漢代儒者在此思想上作一比較分析。

一、人性論：善惡混

揚雄推尊孟子，但在心性的根源上，卻全未受到孟子由心善以言性善的影響，而另立新說。其論學亦多本於荀子而遠於孟子；在《法言》一書中有關他對人性之看法與修性之說，有下列幾句重要的話：

> 「人之性也，善惡混，修其善，則爲善人；修其惡，則爲惡人。氣也者，所以適善惡之馬也與。」❶

---

❶ 見《法言·修身篇》。

「鳥獸觸其情者也，衆人則異乎！賢人則異衆人矣，聖人則異賢人矣。禮義之作，有以矣夫！人而不學，雖無憂，如禽何？學者，所以求爲君子也。求而不得者有矣夫，未有不求而得之者也。」❷

「天下有三門：由於情欲，入自禽門；由於禮義，入自人門；由於獨智，入自聖門。」❸

「學者所以修性也，視、聽、言、貌、思，性所有也。學則正，否則邪。……習乎習，以習非之勝是也，況習是之勝非乎！於戲！學者審其是而已矣。」❹

善惡混，指善惡同在，其說蓋綜合孟子性善，荀子性惡之論，直承董仲舒「人之誠，有貪有仁；仁貪之氣，兩在於身。天有陰陽之施，身亦有貪仁之性，與天道一也。」❺的思想。然而這樣的思想是否把握了先秦以「心性論中心之哲學」的思想？抑或走上漢儒以「宇宙論中心之哲學」的人性論，以致心性之精義不傳？今就將先秦幾個重要的人性論思想，與漢代幾個重要的人性論思想，作一初步認識；然後再與揚雄人性論作一比較分析，以見其思想精義。

孔子在人性論的觀點上認爲「性相近也，習相遠也。」❻意指人性本來是相近的，之所以會有異，乃因習染所造成的；強調人有相近的人性，相遠的習染，以性與習相對；此「性相近」的

---

❷ 見《法言・學行篇》。
❸ 同❶。
❹ 同❷。
❺ 見《春秋繁露・深察名號篇》。
❻ 見《論語・陽貨篇》。

觀點，帶有明顯的抽象人性論的觀念。孔子的學生子貢（前 520～前 456）言：「夫子之言性與天道，不可得而聞也。」❼孔子對人性問題，並沒有進一步的論述，也未涉及人性本質的善惡問題。

告子在人性論的觀點上主張「性無分善惡」論，其現存思想資料僅有《孟子》一書中保留的關於人性問題的論述。什麼是性？告子言：「生之謂性。」❽這裡的性是就包括人在內的萬物而言，性指生的自然性質，指「生而具有」，人生而有的本能、慾望。告子又云：「性，猶湍水也，決諸東方則東流，決諸西方則西流，人性之無分於善不善也，猶水之無分於東西也。」如急流的水不分東西，東邊決口則東流，西邊決口則西流，人性也同樣不分善惡。同時告子以爲人性本無分善惡，本無仁義之性，人可經過修養而具有仁義道德，其又云：「性猶杞柳也，義猶桮棬也；以人性爲仁義，猶以杞柳爲桮棬。」這是就人性和道德屬性之關係來論說的；由以上觀之，告子的人性論乃是主張「性無分善惡」的思想。

先秦儒家道德取向的哲學，在人性的探討方面，最易突顯爲辯論之課題的，首推孟子的「性善」與荀子的「性惡」。善惡問題原是心靈生命中對「應然」問題的反省；而孟子的性善取向於「道德我」的「應然」面向，荀子的性惡則取向於「眞實我」的「實然」事象；孟子「應然」保證了「善端」；荀子「實然」的

---

❼ 見《論語・公冶長篇》。

❽ 見《孟子・告子篇》上。

瞭解，則揭開了倫常的敗壞❾；兩位思想家對人性都有著自己的看法。

孟子是先秦時代人性學說的重要開拓者，也是儒家學派人性論的奠基者，他的「性善」論，對後世學者產生了極大的影響。關於性善之說，孟子的理論大半見於其與告子的辯爭中；此外，則〈公孫丑篇〉的材料爲有名的四端說，是他性善理論的重要陳述；孟子云：「人皆有不忍人之心，先王有不忍人之心，斯有不忍人之政矣……所以謂之皆有不忍人之心者，今人乍見孺子將入於井，皆有怵惕惻隱之心，非所以內交於孺子之父母也，非所以要譽於鄉黨朋友也，非惡其聲而然也。由是觀之，無惻隱之心，非人也。無羞惡之心，非人也。無辭讓之心，非人也。無是非之心，非人也。惻隱之心，仁之端也。羞惡之心，義之端也。辭讓之心，禮之端也。是非之心，智之端也。人之有是四端也，猶其有四體也…… 凡有四端於我者，知皆擴而充之矣，若火之始燃，泉之始達，苟能充之，足以保四海，苟不充之，不足以事父母。」❿從這段話的論述中，吾人得知：(1) 孟子所欲肯定者，乃價值意識內在於自覺心，或爲自覺心所本有。(2) 所涉及到「應然」的自覺，是與利害之考慮不同，孟子就價值自覺之四種表現而說「四端」，此價值自覺，通過各種形式之表現，卽成爲各種德性之根源。(3) 由當前之反省，揭露四端，而透顯價值自覺之內在，此爲「性善」之基本意義。(4) 善惡問題皆以自覺主體

❾ 見鄔昆如〈性善性惡的反省與檢討——漢儒的人性論〉，《臺大哲學論評》第十二期，民國七十八年一月，頁 55。

❿ 見《孟子・公孫丑篇》上。

爲根源，點出性善，以明價值根源在於自覺心（即主體）⓫。另外在涉及人性論觀點的〈告子篇〉中亦有幾個重要的觀念，駁斥告子「生之謂性」的思想，「告子曰：生之謂性。孟子曰：生之謂性，猶白之謂白與？曰：然。白羽之白猶白雪之白，白雪之白猶白玉之白與？曰：然。然則犬之性猶牛之性，牛之性猶人之性與？」顯然告子將「性」指「生而具有」而言的；「孟子曰：乃若其情，則可以爲善矣，乃所謂善也。若夫爲不善，非才之罪也。」性善指的是實現價值之能力內在於性之實質中，人之不能實現價值，並不是由於人之「性」中無此能力，故言：「非才之罪也」；「告子曰：性猶湍水……孟子曰：水性無分於東西，無分於上下乎？人性之善也，猶水之就下也。人無有不善，水無有不下。今夫水，搏而躍之，可使過顙；激而行之，可使在山。是豈水之性哉，其勢則然也。人之可使爲不善，其性亦猶是也。」孟子以爲人之有價值意識，似水之有就下之本性，「此處學者所宜留意者是孟子以水之上下喻價值自覺之有向性，本身是一喻而非一證。乃因告子指水無分東西以喻性之無分善惡，故孟子即以水之有分於上下，以喻性之有分於善惡，並非以水證性。」⓬在〈離婁篇〉下孟子曰：「人之所以異於禽獸者幾希，庶民去之，君子存之。」這話說明了所謂的性乃指「人之所異於禽獸者」，也就是人之本質。到了〈盡心篇〉，孟子對心性的研究，已經達到了「盡心、知性、以知天」以及「存心、養性、以事天」的領域；亦即開始了走出主觀的「主體我」的意識，設法走向客觀的

⓫ 見勞思光《中國哲學史・第一卷》，香港，崇基書店，一九六八年正月初版，頁 97～99。

⓬ 同上，頁 102。

「大我」的境界，這也就是以「天」的意識，來規範「人」的意識；不但把「天」作爲修心養性的最終目標，而且亦開展了在「宇宙」中定位「人生」的思想進路⓭。

戰國末期的荀子主張「性惡」論，他批評「性善」論，「是不及知人之性，而不察乎人之性僞之分者也。」⓮於是提出了與孟子主張人性擴充的「性善」論相對立的強調人性改造的「性惡」論。〈性惡篇〉云：「人之性惡，其善者僞也。今人之性，生而有好利焉，順是，故爭奪生而辭讓亡焉。生而有疾惡焉，順是，故殘賊生而忠信亡焉。生而有耳目之欲，有好聲色焉，順是，故淫亂生而禮義文理亡焉。然則從人之性，順人之情，必出於爭奪，合於犯分亂理，而歸於暴，故必將有師法之化，禮義之道，然後出於辭讓，合於文理，而歸於治。用此觀之，然則，人之性惡，明矣。其善者僞也。」可見荀子的性惡取向於「眞實我」的「實然」事象，是取「事實義」來論說的；其所謂的「性」是指人生而具有之本能，但此種本能原是人與其他動物所同具之性質，並非人之本質。人通過「師法之化、禮義之道」以「化性起僞」，荀子云：「今人之性惡，必將待師法然後正，得禮義然後治。」可見人性雖惡，但是可以改變、改造的，荀子云：「塗之人可以爲禹。曷謂也？曰：凡禹之所以爲禹者，以其爲仁義法正也。然則仁義法正，有可知可能之理，然而塗之人也，皆有可以知仁義法正之質，皆有可以能仁義法正之具；然則其可以爲禹明矣。……其可以知之質，可以能之具，其在塗之人明矣。」這種「可以知之質，可以能之具」，不是「良知」、「良能」，而是

⓭　同❾，頁 56。
⓮　見《荀子・性惡篇》。

需要後天人爲的學習、訓練才能完全具備的，荀子云:「性也者，吾所不能爲也，然而可化也；情也者，非吾所有也，然而可爲也。注錯習俗，所以化性也；並一而不二，所以成積也。習俗移志，安久移質。……塗之人百姓、積善而全盡，謂之聖人。」⑮然而「性」、「僞」又如何加以區分呢？荀子云:「凡性者，天之就也。……不可學，不可事，而在人者謂之性。可學而能，可事而成之在人者謂之僞。是性僞之分也。」依他看來，一方面「性」與「僞」不同，一方面「僞」又離不開「性」，「性」不「僞」又不爲善，「無性則僞之無所加，無僞則性不能自美。性僞合，然後成聖人之名，一天下之功於是就也。」⑯本性和人爲相合，人爲對本性加以改造，而成爲聖人，完成統一天下的大業；這就是荀子「性惡」論中的幾個重要觀念。

戰國時期另有周人世碩主張人性「有善有惡」論，他的思想對漢代的思想家有著重要的影響；王充於《論衡》一書中曾對他的思想有這樣的敍述:「周人世碩，以爲人性有善有惡，舉人之善性，養而致之則善長；惡性，養而致之則惡長。如此，則情性各有陰陽，善惡在所養焉。故世子作〈養性書〉一篇。密子賤、漆雕開、公孫尼子之徒，亦論情性，與世子相出入，皆言性有善有惡。」「自孟子以下，至劉子政，鴻儒博生，聞見多矣；然而論情性竟無定是。唯世碩、公孫尼子之徒，頗得其正。」⑰有善有惡論著重「修養」的觀念，主張化惡遷善的可能，它可以「以禮防情」、「以義制欲」、「以樂爲節」來防制和疏導人之情欲，

---

⑮　見《荀子・儒效篇》。
⑯　見《荀子・禮論篇》。
⑰　見《論衡・本性篇》。

如此惡性也就變善了。

孟子言性善，言擴充四端，突顯了德性自覺爲人之本質，並駁斥了告子「自然之性」的觀念，荀子亦從自然之性出發，而不解自覺之性，於是有了「性惡」之論。漢儒對孟子「善源於人之自覺性」的本義不能充分的了解，於是董仲舒以「性」爲「自然之資」，主張「性善情惡」、「以性統情」之說；劉向以「性」爲「生而然者」，主張「無善無惡」之論；揚雄以爲「人之性也善惡混」，因著善惡混，故可以「修善修惡」；王充則將「性」分爲「上、中、下」，主張「有善有惡」之論；總而言之，漢代論人性的幾位重要思想家，皆就告子、荀子一系所持之「自然之性」而立說；對孟子將價值德性之源，安立於主體之自覺上的思想實無充分了解。也正因爲如此，所以就把孔孟儒學之「心性」論的思想，推向了「才性」的路徑上了。

董仲舒論人性，主張「性有貪仁」、「性善情惡」、「以性統情」之論。其云：「今世闇於性，言之者不同。胡不試反性之名？性之名，非生與？如其生之自然之資，謂之性。性者，質也。詰性之質於善之名，能中之與？既不能中矣，而尙謂之質善何哉？」⓲這是以人生而有之的、自然的質爲性，就此而言，和告子的說法接近。但是，這種自然的質是上天給的，「天生民，性有善質，而未能善。」⓳「人受命於天，有善善惡惡之性。」⓴「今善善惡惡，好榮憎辱，非人能自生，此天施之在人者

⓲　同❺。
⓳　同上。
⓴　見《春秋繁露・玉杯篇》。

也。」㉑上天賦予人以善質和惡質，而不是完全的善惡。董仲舒溝通天人，提出他自己的人性形成說：上天通過陰陽兩氣，而使人有貪仁兩性，或者說有性和情兩方面，其云：「人之誠有貪有仁，仁貪之氣兩在於身；身之名取諸天，天兩有陰陽之施，身亦兩有貪仁之性。」㉒「天地之所生，謂之性情。……情亦性也，謂性已善，奈其情何？……身之有性情也，若天之有陰陽也，言人之質而無其情，猶言天之陽而無其陰也。」㉓天有陰陽兩氣，施之於人而有貪仁兩性；貪性，亦卽情，情是性中的一部分；董仲舒的性有廣、狹兩義，狹義的專指與情相對的性，卽善性；廣義的則包括情，兼有善惡。廣義的人性不僅只包含天所命的善質，而且還含有不善的情；因此，董仲舒不同意孟子的性善論，其言曰：「吾質之命性者異孟子，孟子下質於禽獸之所爲，故曰性已善；吾上質於聖人之所善，故謂性未善。」㉔董仲舒和孟子對於善的立論看法不同，因此對於人性的看法也不同；董仲舒所謂的「貪」與「仁」，卽表價値意義之「正」與「反」，他是直接以宇宙論意義之規律作爲價値標準者，至於孟子的自覺心之本性，他是無從了解的。董仲舒將孔子的「唯上智與下愚不移。」㉕和「中人以上，可以語上也；中人以下，不可以語上也。」㉖的思想，解釋爲「性三品」之論；把社會上不同人的人性分爲三品，卽上、中、下三等；上品卽「聖人之性」，中品卽「中民之

㉑ 見《春秋繁露・竹林篇》。
㉒ 同❺。
㉓ 同上。
㉔ 同上。
㉕ 同❻。
㉖ 見《論語・雍也篇》。

性」，下品卽「斗筲之性」，其言曰：「中民之性，如繭如卵，卵待覆二十日而後能爲雛，繭待繅以綰湯而後能絲，性待漸於教訓而後能爲善。善，教訓之所然也，非質樸之所能至也。」㉗聖人之性是天生的善，是「不教而善」；斗筲之性是天生的惡，是「教也不能爲善」；聖人「不待教」，斗筲之民「不可教」，可教者惟「中民之性」而已。勞思光以爲：「董氏之意，不過謂：人之成德，須有一工夫過程；此何待辯？眞正重要問題，實在於爲善之可能基礎何在；卽德性根源何在之問題，……孟子苦心點明德性源於主體之自覺一義，……而董仲舒以儒者自居，對於此種大關目竟懵懵然不解其意義！」㉘

劉向以「性」爲「生而然者」，主張「無善無惡」之論，劉向人性之說，王充《論衡》及荀悅（148～209）《申鑒》，皆有評述，雖資料不全，亦可見其大端，荀悅列舉諸家論人性之說，獨以劉向所論爲善，其言曰：「孟子稱性善；荀卿稱性惡；公孫子曰，性無善惡；揚雄曰，人之性善惡混；劉向曰，性情相應，性不獨善，情不獨惡，曰，問其理，曰，性善則無四凶，性惡則無三仁人，無善惡，文王之教一也。則無周公管蔡，性善情惡，是桀紂無性，堯舜無情也。性善惡皆混，是上智懷惠，而下愚挾善也，理也，未究也，惟向言爲然。」㉙王充則不以爲然，對劉向論性提出批駁，《論衡・本性篇》云：「劉子政曰：性，生而然者也，在於身而不發；情，接於物而然者也，形出於外。形

㉗ 見《春秋繁露・實性篇》。

㉘ 見勞思光《中國哲學史・第二卷》，香港，崇基書店，一九七一年十月初版，頁 30。

㉙ 見《申鑒・雜言》下。

外，則謂之陽，不發者，則謂之陰。」劉向論性之說，其文集未見，可能散佚，而據荀悅、王充所引，其說雖不相侔，然其基本觀點並無二致，《申鑒》所云：「性情相應」，以性與情相通，性善者情亦善，情惡者性必惡，故曰：「相應」。《論衡》所謂：「性，生而然者也；情，接於物而然者」，分性與情爲二，性在身而不發，情則接於物而發於外，故謂之陽；性不發不與物接，故謂之陰；此兩書所引，頗似《中庸》所謂：「喜怒哀樂之未發謂之中，發而皆中節謂之和；中也者，天下之大本也；和也者，天下之達道也，致中和，天地位焉，萬物育焉。」朱熹注曰：「喜怒哀樂情也，其未發則性也。」與劉向所謂「情接於物，性生而然」之說相似，惟朱熹以未發之性爲善，而所發之情，有正戾之別；劉向則逕分在身不發者謂之性，接於物形出於外者謂之情，不發之性謂之陰，形出於外之情謂之陽，性不獨善，情不獨惡，兩者相應；此即爲劉向論人性之觀點。

揚雄論人性，主張「善惡混」之論，此「混」字據汪榮寶曰：「混與溷同。」《漢書・五行志》曰：「溷肴亡別。」「亡別」即無分別之意，人之性善惡混，實即善惡無別；是性無所謂善，亦無所謂惡，端視後天之修學爲轉移，與告子之「性無分善惡」之說類同。告子云：「性，猶湍水也，決諸東方則東流，決諸西方則西流，人性之無分於善不善也，猶水之無分於東西也。」告子以人性之善惡，亦在於後天之「決」，惟此「決」字僅能喻水，不能喻性，人性之如何「決」之使向善，告子則語焉不詳；揚雄則提一「修」字，較告子之「決」具體而明顯。然與孟子、荀子人性論思想較之，揚雄所謂「善惡混」，是以「善惡」爲某種經驗事實，但是「善」與「惡」各表一取向，何以言

「混」？「孟子言性善乃就人之價值意識說性，然並非謂人不可以爲惡；但說惡不由此性生出而已。荀子言性惡，乃以人之自然之性說性，著眼在動物性一面，然並非謂人不可以爲善。蓋徒說人可以爲惡，可以爲善，則全未接觸善惡之意義以及德性之可能等等基本問題，故立說者如孟荀，斷不能立於此常識層面也。揚雄喜從荀說，又不解荀子之理論；推崇孟子，亦不解孟子論性之本義，妄求折中，而言善惡混，實正顯示其人全不解心性問題耳。」㉚

揚雄雖然直承董仲舒「人之誠有貪有仁，仁貪之氣，兩在於身。天有陰陽之施，身亦有貪仁之性，與天道一也。」的說法，但董仲舒認爲天道是任陽而抑陰的，而揚雄則知孔子未嘗言陰陽，故不受董仲舒任陽而抑陰的影響，斷言之曰「善惡混」。董仲舒以情屬陰，而性屬陽，性善而情惡；揚雄旣以情爲惡，則應以性爲善，不該說「善惡混」。揚雄認爲性中的善與惡，都是潛存的狀態，由潛存狀態轉而爲一念的動機，再將此一念的動機加以實現，這便須靠人由生命所發出的力量方可，於是揚雄拈出了一個「氣」字，曰：「氣也者，所以適善惡之馬也與？」揚雄所謂的「修其善，則爲善人；修其惡，則爲惡人。」的「修」乃爲有形之步驟；「氣」則爲無形之因素；「修」爲向善向惡之關鍵，「氣」則爲導人向善向惡之動力；氣的本身是無所謂善惡的，只是像一匹馬那樣，載著善念或惡念向前走，但是導致其走之方向者，乃人之駕御耳。人之心去駕御氣，孟子以仁義禮智之四端，爲心的實體；荀子曾言人之主宰是心，心靈明能知；揚雄

㉚ 同㉘，頁 126。

以心爲神明，以由心所發的作用以言心，《法言・問神篇》云:

「或問神？曰：心。請問之。曰：潛天而天，潛地而地。天地神明，不測者也。心之潛之，猶將測之，況於人乎？況於事倫乎？敢問潛心於聖？曰：昔者仲尼潛心於文王矣，達之。顏淵亦潛心於仲尼矣，未達一間耳。神在所潛而已。」

其意以爲神就是心，心深入到天上就是天，深入到地就是地；天地是神明而不可測度的，但人心深入天地，就測度天地，何況是人呢？何況是別的事物呢？「潛心於聖」則贊仲尼潛心文王。人由性也有知覺的官能，可以知覺：「視、聽、言、貌、思，性所有也。」但最重要的是思，思是心的動作。揚雄稱心爲神，後來宋代理學家也常稱心爲神。總之，揚雄論性，以爲「善惡混」，以「氣」爲適善惡的動力，直承於性，又以「學」爲御氣修性成德的法門；揚雄論性，自有其見解。

後世學者針對揚雄人性「善惡混」論，有著不同的批評與了解:

漢　荀悅:「性善惡皆混，是上智懷惠而下愚挾善也，理也，未究也。」㉛荀悅的人性論是站在劉向之觀點的。

漢　王充:「余固以孟軻言人性善者，中人以上者也。孫卿言人性惡者，中人以下者也。揚雄言人性善惡混

㉛ 同㉙。

者，中人也。若反經合道，則可以爲教，盡性之理則未也。」㉜王充自己的人性論是主張「有善有惡」說的。

唐　韓愈:「性也者，與生俱生也。情也者，接於物而生也。性之品有三，而其所以爲性者五。情之品有三，而其所以爲情者七。」㉝韓愈主張性三品，在上智與下愚之間加進了揚雄的善惡混說爲中性，於是形成上、中、下三品之論。

宋　宋咸:注揚雄「人之性也善惡混。」以爲揚雄的意思，是指中品的人而言。他說孔子云:「中人以上可以語上，中人以下不可以語上。」「唯上智與下愚不移。」故依聖人之言，人可以分上、中、下三品，上品的人善，下品的人惡，中品的人可善可惡，這便是「善惡混」的意思。孟子言性善是論上品，荀子言性惡是論下品，都沒有談到中品，所以這裡說人的性是善惡混。而孟子、荀子、揚雄，三個人所談論的性，是各就上、中、下三品而說的。

宋　吳秘:注揚雄「人之性也善惡混。」以爲揚雄所指的意義是:天所賦予的叫做性，性命之起始，是善惡兼備的，所以生下來不久之嬰兒，七情還沒有顯著，然而卻先有了哭、笑、喜、怒;喜和怒，便是善和惡的端倪，這正說明人性是善惡混的。

㉜　同⑰。

㉝　見《昌黎先生集・卷十一・原性篇》。

宋　司馬光:「孟子以爲人性善，其不善者，外物誘之也。荀子以爲人性惡，其善者，聖人之教也。是皆得其一偏，而遺其本實。夫性者，人之所受於天以生者也，善與惡必兼有之。……是故，雖聖人不能無惡，雖愚人不能無善，其所受多少之間則殊矣。善至多而惡至少，則爲聖人；惡至多而善至少，則爲愚人；善惡相半，則爲中人。……故揚子以謂人之性善惡混，混者善惡雜處於心之謂也，顧人所擇而修之何如耳！修其善則爲善人，修其惡則爲惡人，斯理也，豈不曉然明白矣哉！……」㉞是見司馬光接受揚雄之人性論的主張。

宋　程頤（1033～1107）：「揚雄、韓愈說性，正說著才也。」㉟「荀、揚，性已不識，更說甚道。」㊱性和才的分別，在程頤看來是非常重要的，因爲討論性善或性惡時，所有爭執與誤解，多是來自性和才沒有分辨好；揚雄主張性善惡混，「修善則爲善人，修惡則爲惡人，氣者適善惡之馬。」氣混在性內，氣有善有惡；程頤批評揚雄沒有認識性，只認識了情，他所說的是「才」不是「性」。

民國　馮友蘭:「蓋兩取孟、荀對於人性之見解，而折衷之

㉞ 見汪榮寶《法言義疏·疏五·修身篇》引司馬溫公語。臺北，世界書局，民國七十年六月三版，上册，頁 138～139。
㉟ 見《二程全書三·遺書十九·伊川語錄五》，頁4。
㊱ 同上，頁6。

也。」[37]馮氏未詳加說明，推其文意，當是以人之本性，有善有惡，故曰：折衷之也。

民國 徐復觀：「按善惡混，指善惡同在，其說蓋綜合孟子性善、荀子性惡之論。……」[38]徐氏對揚雄的人性論有著深刻的反省與見解，在其〈揚雄論究〉一文中，將其與孟子、荀子、董仲舒的人性論做了比較與批判。

民國 唐君毅：「揚雄《法言》謂人之性善惡混，修其善者爲善人，修其惡者爲惡人，此於人性善惡，則既分而混之，更混而分之以說。」[39]唐氏以爲此種思想乃順董仲舒之自客觀宇宙之觀點，以氣論性。

民國 勞思光：「蓋徒說人可以爲惡，可以爲善，則全未接觸善惡之意義以及德性之可能等等基本問題。……揚雄喜從荀說，又不解荀子之理論；推崇孟子，亦不解孟子論性之本義，妄求折中，而言善惡混；實正顯示其人全不解心性問題耳。……依此而論，人之成爲善或惡，乃由氣禀不同決定；果爾，則價值問題化爲事實問題，不唯心性之學無從說起，卽一切價值問題亦皆不能出現矣。……然就哲學史說，則揚雄此言正爲日後論才性

---

[37] 見馮友蘭《中國哲學史》，頁 587。

[38] 見徐復觀《兩漢思想史・卷二・揚雄論究》，頁 513～515。

[39] 見唐君毅（1909～1978）《中國哲學原論・原性篇》，九龍，新亞書院，民國五十七年二月版，頁 104～125。

者之先驅。」㊵勞氏對揚雄的人性論給予了強烈的批判與評價。

二、教養論

近人梁啟超（1873～1929）嘗說：「中國哲學上爭論最多的問題就是性善惡論，因爲這問題和教育方針關係最密切。」㊶儒家教育的理論及其設施，即是從人性出發，一方面探究人性的本質，一方面發展人倫的關係而建立人倫的規範。孟子教育之論學重內在自覺之擴充，荀子重外在師法之範鑄，兩者構成了先秦儒家在「學」觀念上，不同的兩種教育理論立場。揚雄則拈出個「修」字，強調外在之改造，是以揚雄雖以承孔孟自居，然觀其對成德治學之論點上，則其理論立場顯然反與荀子之說相近。

1.教育思想

揚雄的教育思想是以人性善惡混爲出發點，認爲「修其善則爲善人，修其惡則爲惡人。」因此，「修性」就成爲學的主要目的。揚雄論「學」極重「師法」，其言曰：「或曰：學無益也，如質何？曰：未之思矣。夫有刀者礲諸，有玉者錯諸。不礲不錯，焉攸用？礲而錯諸，質在其中矣。」㊷這與荀子所謂「木受繩則直」㊸，強調外在之改造的觀念相同；然荀子言「化性」，

㊵ 同㉘，頁 126。
㊶ 見梁啟超《中國近三百年學術史》，臺北，中華書局，民國六十七年九月臺九版，頁 128。
㊷ 同❷。
㊸ 見《荀子・勸學篇》。

揚雄則直以爲「性」由磨鍊生出矣。聖賢由「習」而成，「孔子習周公者也，顏淵習孔子者也。」㊹如此，則「學」當以「師」爲重，通過師者以教育，以變化氣質，以存善去惡，以啟廸愚昧，如果沒有「教」，卽使有顏淵之才質，亦不可能因之而成爲賢人；教以外尙須學，以收變化之功，《法言·學行篇》云：

「螟蛉之子殪，而逢蜾蠃，祝之曰：類我！類我！久則肖之矣。速哉七十子之肖仲尼也。」

「或問世言鑄金，金可鑄與？曰：吾聞覿君子者問鑄人，不問鑄金。或曰：人可鑄與？曰：孔子鑄顏淵矣。……」

上兩句話中所言之「類我」、「鑄人」，完全是由外力對一個人的改造，實受荀子之影響。螟蛉是桑蟲，蠃蜾則有雄無雌不能生子，常常捉取螟蛉之子，整天對著牠說：「像我！像我！」果然螟蛉長大後就像蠃蜾；這句話是取自《詩經·小雅·小宛》所謂：「螟蛉有子，蠃蜾負之，教誨爾子，式穀似之。」揚雄以此說明教育之功效，以及孔子教化學生之功效的神速。教以外尙須學，「學者所以修性也，視聽言貌思，性所有也。學則正，否則邪。」揚雄的「修性」，同於荀子「君子之學也以美其身」；「學則正」，同於荀子「君子之學也，入乎耳，箸乎心，布乎四體，形乎動靜，端而言，蝡而動，一可以爲法則。」㊺在教與學之間，揚雄尤重於自我之修爲，而自我修爲的學必須要有方法，要有目標，那麼他的方法、目標是什麼呢？

㊹ 同❷。
㊺ 同㊸。

甲　爲學的方法

學必有師：「求師」爲成德治學之要；師者，所以「傳道、授業、解惑也」；師者，爲學生之「模範」；師者，爲一「標準」之判定。《法言・學行篇》云：

> 「務學不如務求師。師者，人之模範也，模不模，範不範，爲不少矣。一鬨之市，不勝異意焉。一卷之書，不勝異說焉。一鬨之市，必立之平；一卷之書，必立之師。習乎習，以習非之勝是也，況習是之勝非乎？」

中國人以師與天、地、君、親同尊，師之所以受尊崇，是師不只傳授知識，同時亦是教化之所繫，在人格上有一種模範作用；如果老師只重書本知識的傳授，而不能使學者在人格上有所變化，那只不過是個陋儒而已。荀子云：「學莫便乎近其人。……學之經莫速乎好其人，隆禮次之。上不能好其人，下不能隆禮，安特將學雜識志，順詩書而已耳，則末世窮年，不免爲陋儒而已。」[46]這也就是《禮記・學記》中所謂：「記問之學，不足以爲人師」的道理。揚雄在《法言・問明篇》中亦認爲小知不足以爲人師，惟知大知之師才可貴，蓋因大知方能透徹了解事理之根本，才能因之而入於聖道；其言曰：

> 「或問：小每知之，可謂師乎？曰：是何師與？是何師與？天下小事爲不少矣，每知之是謂師乎？師之貴也，知

---

[46] 同上。

大知也。小知之師亦賤矣。」

學重在行：孔子曰：「行有餘力，則以學文。」㊼荀子云：「知之不若行之，學至於行之而止矣。行之，明也；明之，爲聖人。」㊽《中庸》云：「力行近乎仁」，都說明了學要以「行」爲上，因爲學而不行，對於事理就無法通澈明瞭而陷入困境。揚雄於《法言・學行篇》開宗明義就說：「學，行之上也。言之，次也。教人，又其次也。咸無焉，爲眾人。」可見他主張學以行爲上。

多聞博學：多聞博學可以增長知識，人在眾多學問知識中應擇其善者而從之，去其惡者而捨之；《法言，吾子篇》云：「多聞則守之以約，多見則守之以卓；寡聞則無約也，寡見則無卓也。」人多聞見可爲智者，智者可以知道一切，智者可將無用的成爲有用的，將無益的成爲有益的；《法言・問道篇》云：「智也者，知也。夫智，用不用，益不益，則不贅虧矣。」而要多聞博學，其所聞見者必當爲至善至美之正道，如此方爲眞知卓識。

學貴有恆：孟子曰：「盈科而後進」、「流水之爲物也，不盈科不行；君子之志於道也，不成章不達。」㊾荀子云：「學不可以已」、「積力久則入」、㊿其意均在強調學而有成者，必須是能長期保持學習之毅力者方能成功。揚雄亦採相同之看法，《法言・學行篇》云：「或問進？曰：水。或曰：爲其不捨晝夜與？

㊼ 見《論語・學而篇》。

㊽ 同⑮。

㊾ 見《孟子・盡心篇》上。

㊿ 同㊸。

曰：有是哉！滿而後漸者其水乎！」他認爲水晝夜不停地往前流去，充滿之後，再行前進；人之爲學亦應如此，必須有恆向前；同篇又云：「學以治之，思以精之，朋友以磨之，名譽以崇之，不倦以終之，可謂好學也已矣。」不倦以終之即是學貴有恆。孔子曾以水喻德，老子曾以水喻道，揚雄則以水喻學，其重視如此。

乙　爲學的目標

學道：揚雄以爲治學的目的是爲求道，不是爲求利；《法言・學行篇》云：「大人之學也爲道，小人之學也爲利。」人之異於禽獸者，在人的聖善與道德，故人所追求的應是正道，正道爲何？〈問道篇〉云：「適堯舜文王者爲正道，非堯舜文王者爲它道，君子正而不它。」而此聖聖相傳的道統，是上體天心，繼天而立的，一切的學術思想，道德行爲，惟聖人之道爲準則。

學爲君：儒家所謂的「內聖外王」之學，「內聖」係小我在人格理想方面的期許，而「外王」則是在人格理想達成後，對於大我抱持的一種回饋與奉獻。揚雄在《法言・學行篇》云：「學之爲王者事，其已久矣。堯、舜、禹、湯、文、武汲汲，仲尼皇皇，其已久矣。」古代聖王莫不有學，所「學爲王者事」，《禮記・學記》云：「師也者，所以學爲君也。」可見自古以來，只要是學，沒有不以「學爲王者事」爲目標的。

學爲聖賢：希聖希賢是歷來儒者對小我的自我期許；《孟子・滕文公篇》上云：「舜，何人也？予，何人也？有爲者亦若是。」雖然希聖希賢可以作爲塑造人格的理想，但成聖成賢卻非一蹴可幾。周濂溪（1017～1073）在《通書》中期勉學者云：「聖希天，賢希聖，士希賢。伊尹、顏淵大賢也；……志伊尹之所志，學顏子之所學，過則聖，及則賢，不及則亦不失令名。」可見人格的形成，應循序漸進，不可躐等。揚雄亦以爲人皆可以爲堯舜，所以爲學必定要以希聖希賢爲目標；《法言・學行篇》云：「睎驥之馬，亦驥之乘也。睎顏之人，亦顏之徒也。或曰：顏徒易乎？曰：睎之則是。昔顏嘗睎夫子矣，正考甫嘗睎尹吉甫矣，公子奚斯嘗睎正考甫矣。不欲睎則已矣，如欲睎，熟禦焉。」顏淵以孔子爲目標，正考甫以尹吉甫爲目標，公子奚斯以正考甫爲目標(51)，他們都是以聖賢爲學習的對象，所以個個都能成爲聖賢。

學爲君子：希聖希賢傳統上多是以「士」爲起點，而以「聖人」爲終極目標，荀子云：「學惡乎始？惡乎終？曰：其數則始乎誦經，終乎讀禮；其義則始乎爲士，而終乎爲聖人。」(52)至於「士」與「聖人」之間當學爲何？孔子以「君子」作爲中間目標，其云：「聖人吾不得而見之矣，得見君子者斯可矣。」(53)揚雄亦要學者立志求爲君子，《法言・學行篇》云：「學者所以求爲君子也，求而不得者有矣夫，未有不求而得之者也。」〈寡見篇〉云：「好盡其心於聖人之道者，君子也。」其實君子的境界也相當的高，要達到聖人的境界，就必須先學做君子，所以揚雄勉勵人立志求爲君子人。

揚雄在《法言》一書中，積極地闡揚他的教育思想，其所言爲學的方法多來自荀子，爲學的目標則契合先秦儒家「內聖外

---

(51) 見《法言》李軌注云：「正考甫，宋襄公之臣也；尹吉甫，周宣王之臣也；吉甫作〈周頌〉，正考甫慕之而作〈商頌〉；奚斯，魯僖公之臣也，慕正考甫作〈魯頌〉。」

(52) 同㊸。

(53) 見《論語・述而篇》。

王」之道；而揚雄自己一生治學的精神又當如何呢？我們直可謂其眞是「不倦以終之」了。在《法言》的一些篇章中可看出他治學的積極精神；玆列舉於下，以供參考：

「辰乎辰！曷來之遲去之速也。……君子謹於言，愼於好，亟於時。……」54

「或曰：孔子之道，不可小與？曰：小則敗聖，如何！曰：若是則何爲去乎？曰：愛日。曰：愛日而去，何也？曰：由羣謀之故也。不聽正諫而不用，噫者，吾於觀庸邪，無爲飽食安坐而厭觀也。由此觀之，夫子之日亦愛矣。或曰：君子愛日乎？曰：君子仕則欲行其義，居則欲彰其道。事不厭，教不倦，焉得日。」55

「或曰：子於天下則誰與？曰：與夫進者乎！」56

「天下通道五，所以行之一，曰：勉。」57

2.道德與修身

揚雄的教育理想，在於秉持儒家一貫的人文精神，從人性出發，而建立良好的人倫道德規範；以人文陶冶，一方面講求心性的修養重道德倫理，一方面也致力於知識的追求與實踐，然後到人格完成，先修己達成小我的人格理想，再善羣施展回饋大我的人生抱負。揚雄的道德與修身的觀念，大體仍以孔氏爲依歸，接

54 見《法言·問明篇》。
55 見《法言·五百篇》。
56 見《法言·君子篇》。
57 見《法言·孝至篇》。

受儒家傳統之理念，曰：「天之道不在仲尼乎？」(58)又曰：「山徑之蹊，不可勝由矣，向牆之戶，不可勝入矣。曰：惡由入？曰：孔氏。孔氏者，戶也。」(59)其學者所以「修性」之說，亦深契孔門論學之主旨；學之本質既以修性爲要，然外物之感人無窮，而人之好惡無節。《禮記・樂記》云：「人生而靜，天之性也，感於物而動，性之欲也。物至知知，然後好惡形焉。好惡無節於內，知誘於外，不能反躬，天理滅矣。」是故爲學當反躬以自省。

揚雄對於道德教育非常的重視，《大學》中所謂：「壹是皆以修身爲本。」故其以修身爲知識之心思達到義的基本功夫，其言曰：「修身以爲弓，矯思以爲矢，立義以爲的，奠而後發，發必中矣。」(60)修身必先正思，正思必以立義爲準的，《大學》言：「欲修其身者，先正其心。」蓋因人之思想行爲，皆以心爲主，故必須存養省察，不爲物欲所蒙蔽，使此心思湛然虛明；而修身以做人的主要方式是使言語、行爲、容貌、愛好，愼重而不輕薄，故其主張「取四重，去四輕」如斯可謂之人矣。

另外，揚雄要學者立志成爲君子，君子之德必須內外兼修，文質彬彬才可以，《法言・修身篇》云：「或問：犂牛之鞹與玄騂之鞹有以異乎？曰：同。然則何以不犂也？曰：將致孝乎鬼神，不敢以其犂也。如刲羊刺豕罷賓犒師，惡在犂不犂也。」這句話是從《論語》「犂牛之子，騂且角，雖欲勿用，山川其舍

---

(58) 同❷。
(59) 見《法言・吾子篇》。
(60) 同❶。

諸?」(61)引申出來的。君子之所以有別於一般的人，蓋因君子具備了內在忠信的質，也有外在禮文的表；這正如玄騂不僅有內在的質，同時又有外在華美的文，所以犂牛是無法取代的；是故君子修身，必須內外兼修，以達希聖希賢之目標，〈吾子篇〉云:「聖人虎別其文炳也；君子豹別其文蔚也；辯人貍別其文萃也。貍變則豹，豹變則虎。」聖人之文，煥然彪炳；君子次之，其文蔚盛；辯人又次之，其文叢萃；三者其質不同。然欲使辯人成爲君子，君子成爲聖人，則非修己力行，進德修業不爲功矣。

一個人的修養要做到「仰不愧於天，俯不怍於人」，那才算圓滿成全，故《法言・修身篇》云:「言不慙，行不恥者，孔子憚焉。」而爲人亦不可驕矜自滿，所以揚雄要人謙沖自牧，正《周易》所謂:「謙謙君子，卑以自牧。」(62)《法言・重黎篇》云:「或問:持滿。曰:扼欹。」不僅如此，爲人亦當反求諸己自愛自敬；〈君子篇〉云:「人必先作，然後人名之；先求，然後人與之；人必其自愛也，然後人愛諸；人必自敬也，然後人敬諸。自愛，仁之至也；自敬，禮之致也；未有不自愛敬而人愛敬之者也。」順此謙沖自牧、反求諸已，能致力於此道之修行，即是教化的目的；修行到最後，不止是個人生命之成全，同時亦可臻於聖人之境地。

此外，揚雄也討論了修身的根本；他認爲修身的根本，在於孝悌；因此《法言》一書中有〈孝至篇〉，以彰其對孝悌的重視。〈孝至篇〉云:「孝至矣乎！一言而該，聖人不加焉。父

---

(61) 同㉖。
(62) 見《周易・謙卦》，象曰:「謙謙君子，卑以自牧。」

母，子之天地與！無天何生？無地何形？天地裕於萬物乎？萬物裕於天地乎？裕父母之裕，不裕矣。事父母自知不足者，其舜乎！」而孝道是我國倫理的根本，我國自古以來所重視的孝道，主要是由儒家所發展出來的一種倫理；儒家倫理是以「仁」爲核心，而「孝」是「仁」的本源。所以說：「孝弟也者，其爲仁之本歟！」[63] 孝的本義是親子間所建立起來的一種美好的倫理關係，「孝，善事父母也。從老省；從子，子承老也。」[64] 孝是出於「天性」，具有「報本反始，不忘其所由生」的意義，故「君子反古復始，不忘其所由生也，是以致其敬，發其情，竭力從事，以報其親，不敢弗盡也。」[65] 人子求終養父母之心，一者是基於父母子女生而具有的天性之親使然，再者是在報本反始；而人子對於父母鞠養撫育之恩德，實乃「欲報之德，昊天罔極。」是以揚雄言：「孝至矣乎！一言而該，聖人不加焉。」

然而就孝的實踐言，吾人必當養親、事親，養親在於存親，使父母有所依託，親在，然後有親可養，有親可敬，否則「樹欲靜而風不止，子欲養而親不待。」[66] 徒增無奈與悲傷。人子孝順父母，不僅供養衣食而已，尤須「善事父母」，孔子曰：「孝子之事親也，居則致其敬，養則致其樂，病則致其憂，喪則致其哀，祭則致其嚴，五者備然後能事親。」[67] 事父母必當竭盡其力，以孝利親。是故，揚雄曰：「孝莫大於寧親，寧親莫大於寧

---

[63] 同[47]。
[64] 見許愼（55～149）《說文解字》。
[65] 見《禮記・祭義》。
[66] 見《韓詩外傳》。
[67] 見《孝經・紀孝行章》。

神。」[68]事親盡心應以寧親心爲上，以睦族行節爲高，垂爲世法。同時爲孝亦應敬親繼志，敬親是順親心而不違其意，孔子曰:「事父母幾諫，見志不從，又敬不違，勞而不怨。」[69]敬事父母就消極而言:「身體髮膚，受之父母，不敢毀傷。」[70]就積極而言:「立身行道，揚名爲後世，以顯父母。」[71]夫孝，善繼人之志，善述人之事是也。父母生前事之以孝，親死喪祭亦事之以孝，揚雄云:「或問:子曰死生盡禮，可謂能子乎!」[72]生事愛敬，死事哀戚，孟子認爲「養生者不足以當大事，惟送死可以當大事。」[73]這是對死生之變的親喪極大的重視。父慈子孝其親出於天性，若逢死生之別則哀戚之情，自然誠於中而形於外;爲人子者當此之時必當葬之以禮，祭之以禮，以表達人子之孝思;然而喪期有盡，而人子之孝思無窮，於是聖人教人「爲之宗廟，以鬼享之;春秋祭祀，以時思之。」[74]此乃「愼終追遠，民德歸厚」之至德的表現。

孝愛之情，沐乎天理，順乎人倫，沛然於心;孝道乃天倫之情的根本，非僅於汩汩血緣的親子相承，而是在生命意識深處所涵有的感激與敬愛，蘊愛育情，父慈子孝，激盪沸揚，發而爲與天地同參的至情與至德，於孝敬之中，爲生生不息的繼起，構成存活綿延的生命倫理。由此觀之，揚雄爲學重道德修身，於道德

[68] 同[57]。
[69] 見《論語・里仁篇》。
[70] 見《孝經・開宗明義章》。
[71] 同上。
[72] 同[57]。
[73] 見《孟子・離婁篇》下。
[74] 見《孝經・喪親章》。

教育中重孝悌思想之蹈厲，重修身爲君子以希賢希聖，以道德仁義禮爲人的一切行爲準則，努力行之，進而臻於聖境。

第六章　歷史與政治

一、歷史觀

在先秦的各家派中，儒家承襲於傳統的最多，歷史意識也最強；因此，自孔、孟、荀以降，就一直對歷史作反省，因之而產生了若干歷史哲學的概念。孔子宗周，希望周制爲萬世之制，所以說繼周即足以知百世，於是提出三代損益的歷史觀，其言曰：「殷因於夏禮，所損益可知也；周因於殷禮，所損益可知也。其或繼周者，雖百世可知也。」❶「益」是由於每一個時代因環境不同，需要亦異，所以必須創造一些新的文化以代替舊的文化；「損」是指原有的文化，因爲不能適應新的處境和滿足新的需要，就會自然遭到淘汰；所以說「損益可知也。」孟子對複雜的歷史現象提出了一些新的概念，那就是「一治一亂」❷、「民貴君輕」❸的歷史觀；荀子則提出了「明分使羣」❹、「法後王」❺的歷史

❶ 見《論語・爲政篇》。
❷ 見《孟子・滕文公篇》下。
❸ 見《孟子・盡心篇》下。
❹ 見《荀子・王制篇》。
❺ 同上。

觀。而先秦的法家，管子主張「治國之道，必先富民。」❻的歷史觀；商鞅（前 390～前 338）主張「治世不一道，便國不必法古」❼、「三世說」❽的歷史觀；韓非子（？～前233）主張「變古易常」❾的歷史觀。陰陽家鄒衍提倡「五德終始」❿的歷史觀，而此種歷史觀，因着秦、漢大一統，符合改制的迫切需要，影響自是深遠；董仲舒的歷史哲學就是在這個背景下產生，他認爲「四法如四時，然終而復始，窮則返本。」⓫「有三而復者，有四而復者，有五而復者，有九而復者。」⓬於是提出了「三統、三正」的歷史觀。揚雄則在《太玄》一書中，提出「道有因有革」，肯定「歷史變化」的歷史觀。

揚雄於《太玄》書中提出「道有因有革」的見解，他認爲在歷史變化的過程中，後一代與前一代之間，既有所繼承，又有所改變，正孔子所謂的「損益可知」的意思。〈玄瑩〉云：

> 「夫道有因有循，有革有化。因而循之，與道神之；革而化之，與時宜之。故因而能革，天道乃得；革而能因，天道乃馴。夫物不因不生，不革不成。故知因而不知革，物失其則；知革而不知因，物失其均。革之匪時，物失其基；因之匪理，物喪其紀。因革乎因革，國家之矩范也。

---

❻ 見《管子・治國篇》。
❼ 見《史記・卷六十八・商君列傳》。
❽ 見《商君書・開塞篇》。
❾ 見《韓非子・五蠹篇》、〈南面篇〉。
❿ 見《史記・卷七十四・孟荀列傳》。
⓫ 見《春秋繁露・三代改制質文篇》。
⓬ 同上。

矩范之動，成敗之效也。」

有因有革，是普遍的規律；因而能革，合乎自然規律；革而能因，順乎自然規律。凡新的事物必從舊的事物產生出來，所以「不因不生」；但是如果新的事物無所改變，那麼新的也就不成其新了，故曰：「不革不成。」「因」與「革」是相對立的，在事物變化的過程中，都是不可缺少的。就一年四季之變化而言，春天是繼承冬天而來的，非憑空出現，這是「因」；但春天和冬天畢竟是兩個不同的季節，春天又是對冬天的否定，這就是「革」。有「革」而無「因」，事物不能發生；有「因」而無「革」，事物就沒有發展；知因而不知革，就違反了新舊交替的規律，所以「物失其則」；然而知革而不知因，就會失衡而「物失其均。」改革一定要合乎時宜，否則就會失去原來的基礎；因襲一定要合乎道理，否則就會違反變化的規律；所以「革」要合乎「時」，「因」要合乎「理」，如此，事物就可以順利發展，將「因」與「革」做爲事物發展之規律，也正就是「革之時大矣哉！」的思想之發展。揚雄這段關於「因」、「革」的言論，實包含了深刻的思想。《法言・問道篇》亦云：

「或問道有因無因乎？曰：可則因，否則革。……或問新敝？曰：新則襲之，敝則益損之。」

可則因，否則革；「革」是改革，變革。《革卦・彖傳》云：「天地革而四時成。湯武革命，順乎天而應乎人。」天地應時而革，形成一年的四季；商湯、周武王應時而分別革夏桀、商紂之命，是爲順天應命；改革必須應時，才能成就大業；革之與因雖異，隨「變」而通理也，故先王之事世相反而其道一也。另則，就歷史之現象與變遷而言，凡不失其爲新的，應予以沿襲下來，已經敝舊的，就應該有所改變。揚雄肯定了歷史的變化，反對循古依舊而不知變通；他反對循舊的思想頗似《淮南子·氾論訓》的歷史觀；《淮南子》認爲從穴居野處到構築官室，由「手經指挂」到使用機杼，由「摩蜃而耨」到使用耒耜，由「山川阻隔」到使用舟車，在在的說明了文明的發展與創新，而此文明是隨著時代發展而產生的，對於法度、禮樂制度，他亦以爲「先王之制，不宜則廢之；末世之道，善則著之」，這不就是揚雄所謂「新則襲之，敝則益損之。」宜則保留，不宜則廢之嗎？《淮南子》認爲「治國有常，而利民爲本；政教有經，而令行爲上。苟利於民，不必法古；苟周於事，不必循舊。」所以「常故不可循。」這正是揚雄所謂的「可則因，否則革」，反對照舊不變的觀念。揚雄雖主張改革，然亦非全破壞舊有的制度，而是在求因應變化，得其時宜，學者不可不知。他論唐、虞、三代的歷史，《法言·先知篇》云：

> 「或曰：以往聖人之法治將來，譬猶膠柱而調瑟，有諸？曰：有之。曰：聖君少而庸君多，如獨守仲尼之道，是漆也。曰：聖人之法，未嘗不關盛衰焉。昔者堯有天下，舉大綱，命舜、禹、夏、殷、周屬其子，不膠者卓矣。唐、虞象刑惟明，夏后肉辟三千，不膠者卓矣。堯親九族，協和萬國，湯、武桓桓，征伐四克，由是言之，不膠者卓矣。禮樂征伐自天子所出，春秋之時，齊、晉實予，不膠

者卓矣。」

是知堯、舜禪讓，而三代卻傳子；堯、舜用象刑，而夏后卻用肉刑；堯能協和萬邦，湯、武卻征伐四方，這樣的變化是明顯的；可見人君之迹雖有所不同，但隨時順宜其道則是相同的；「聖人不期修古，不法常可，論世之事，因爲之備。」⓭「常可」，是指永遠適宜的辦法與陳規，時代變了，社會措施也應當相應改變，絕不能開歷史的倒車；新時代的聖人不羨慕遠古時代，而是要研究當前的形勢，從而採取適當的措施；然是否變易，則要看客觀情勢，要有利於正確的爲國、治天下方可；「古今有殊」、「勢使之然也。」⓮古今不同是歷史形勢所決定的，因此，變化是顯然的。

揚雄不推崇太古洪荒時代，他認爲洪荒之世並不可取，《法言・問道篇》云：

> 「或曰：太上無法而治，法非所以爲治也。曰：鴻荒之世，聖人惡之，是以法始乎伏羲而成乎堯。匪伏匪堯，禮義哨哨，聖人不取也。」

「鴻荒之世，聖人惡之」，其中含有進化及重視文化的意義；無法而空言禮義，爲聖人所不取，這是很落實的說法。哨同背，惡草雜生的意思；洪荒之世，人與禽獸相近；伏羲至堯、舜，文明教化漸開，要比洪荒之世高明多了。由於聖人的創造和

⓭ 見《韓非子・五蠹篇》。
⓮ 見劉知幾（661～721）《史通・煩省篇》。

教化，人類才能從野蠻狀態進入文明時代，誠如韓愈所言：「如古之無聖人，人之類滅久矣。」⑮然而揚雄這樣的觀點也是在強調歷史不斷的在變遷發展之中的。

揚雄承認歷史的變化，肯定改革的必要，但他卻批評陳勝、吳廣，直詆他們為暴亂，《法言·重黎篇》云：

「或問陳勝、吳廣，曰：亂！曰：不若是則秦不亡。曰：亡秦乎？恐秦未亡而先亡矣！」

揚雄貶詆陳勝、吳廣，而司馬遷（前145～前74）卻為陳勝立世家，在事實的敍述中，太史公亦未嘗諱言其短。但謂「陳勝雖已死，其所置遣侯王將相竟亡秦，由涉首事也。」⑯不沒其首事之功。且在〈自序〉中謂：「桀紂失其道而湯武作，周失其道而《春秋》作，秦失其政而陳勝發迹。……」是太史公取以陳勝揭竿而起的歷史意義，可比之於湯、武及孔子之作《春秋》，此正是太史公之卓識巨眼，眞可謂越度千古。然揚雄針對太史公而在「或問陳勝、吳廣」句中，斥之曰「亂」，此實乃揚雄對歷史之了解與批判耳。

二、政治哲學

徐復觀謂：「兩漢知識分子的一切活動，無不歸結到政治問題之上，這是因為由政治暴流而來的對一切人的鉅大衝激壓力，

⑮ 見《昌黎先生集·卷十一》。
⑯ 見《史記·卷四十八·陳涉世家》，按：陳涉卽陳勝。

始終無法使其得到安瀾的途徑；尤其是自大一統的專制政治成立後，政治的壓力對任何人來說，皆無所逃於天地之間。西漢知識分子對此特爲敏感。揚雄是最重視人生禍福的人，也是對政治較爲疏離的人。他以草《玄》來逃避政治，但《太玄》中依然反映出他對當時政治問題的批評。」⑰揚雄身處西漢衰世之末，正當新莽擅權之時，外戚任事，排除異己，擴張勢力，揚雄雖忠於漢室，亦莫敢顯論時政，故抑鬱悲憤之情，發之於著作皆寄慨之辭，《法言・孝至篇》云：「吾聞諸傳，老則戒之在得，年彌高而德劭者，是孔子之徒與？或問：德有始而無終，與有終而無始也，孰寧？曰：寧先病而後瘳乎？寧先瘳而後病乎？」這些都是寄託評論時政於言外之音的話。揚雄在《太玄》一書之〈玄測〉中設有「礥」（𝌈）、「閑」（𝌉）兩首，以準《周易》之屯卦（䷂），斥當時之時政；另外在「干」（𝌍）、「耎」（𝌖）、「彊」（𝌩）、「居」（𝌬）等各首中亦反映了當時政治現實與揚雄的政治見解。

揚雄的政治思想除了在《太玄》一書中有所表達外，另外在《法言》一書中有更多的發抒；揚雄的政治思想，是稟承儒家的政治道統而來的，在儒家的心目中，以堯舜時代，法天行化，恭己南面，無爲而治，爲最高的政治理想，因此他主張「法先王」，以堯舜文王爲理想政治之目標，以聖人之言爲行事之準則，其言曰：「適堯舜文王者爲正道，非堯舜文王者爲它道，君子正而不它。」⑱「或問其有繼周者，雖百世可知也。秦已繼周矣，不待夏禮而治者，其不驗乎？曰：聖人之言天也，天妄

⑰ 見徐復觀《兩漢思想史・卷二・揚雄論究》，頁543。
⑱ 見《法言・問道篇》。

乎，繼周者未欲太平也，如欲太平也，捨之而用它道，亦無由至矣。」⑲所謂「道」是治道，合於堯舜文王之治道者，即爲正道，反之則爲它道，治國者當循堯舜文王之正道爲是。古之聖王以「無爲之爲」爲治道之原則，《法言・問道篇》云：「或問天，曰：吾於天與，見無爲之爲矣。」天道無爲，順乎自然，萬物因而生成。此正是荀子所謂「不爲而成，不求而得，夫是之爲天職。」⑳的觀念，所以人君治民，必當無爲而治才是合乎天道。天道無爲，人君治國當法古聖先王，蓋古聖先王之施政教化，皆順天應人可爲後世所法，故《法言・孝至篇》云：「堯舜之道皇兮，夏殷周之道將兮，而以延其光兮。或曰：何謂也？曰：堯舜以其讓，夏以其功，殷周以其伐。」是知揚雄之政治哲學乃以儒家爲本的；今就從仁政、德治、尚賢、禮樂、教化與法度等方面析論如後。

1.仁政、德治與尚賢

甲　仁政

梁啟超謂：「儒家言道言政，皆植本於仁。」就政治思想言，孔子所謂仁，乃推自愛之心以愛人之謂也；始於在家之孝弟㉑，終於博施濟眾，天下歸仁㉒；《大學》所謂：「身修而後家齊，家齊而後國治，國治而後天下平」者，正足以說明仁心仁行發展擴充之程序；仁爲禮之基礎，無公心則不能建立秩序，爲了

---

⑲ 見《法言・五百篇》。
⑳ 見《荀子・天論篇》。
㉑ 見《論語・學而篇》言：「孝弟也者，其爲仁之本歟。」
㉒ 見《論語・雍也篇》：「子貢曰：如有博施於民，而能濟眾，何如？可謂仁乎？子曰：何事於仁，必也聖乎，堯舜其猶病諸。」

要重建周文，孔子對實際政治問題倡「禮樂征伐自天子出。」㉓表達政治秩序之建立的重要；而爲政以劃定「權分」爲本㉔，故主「正名」。孟子承孔子之教而發爲「仁心」、「仁政」之論，仁心之起，原於性善，而仁心乃人類之所共有㉕，仁心發展，見於行事，則爲推恩；「仁政」者卽以不忍之心，行推恩之政㉖；天下之得失繫於民心之向背㉗，民心決定政權之得失；而「仁政」之具體措施以「保民」㉘爲施政之本，使人民安樂，「民之悅之，猶解倒懸也。」㉙

揚雄論政，得自儒家孔、孟思想之眞傳，主張行仁政；其具體措施在於保民、養民、薄稅斂、得民心。《書》云：「民爲邦本。」㉚得民得國，失民失國；人君治國，當以百姓爲先。揚雄以爲保民之道，在於使百姓富有，如同孟子的富裕民生㉛；《法

㉓ 見《論語・季氏篇》。
㉔ 見《論語・顏淵篇》：「齊景公問政於孔子。孔子對曰：君君，臣臣，父父，子子。……」
㉕ 見《孟子・告子篇》下，孟子曰：「仁，人心也。」
㉖ 見《孟子・梁惠王篇》上，孟子曰：「老吾老以及人之老，幼吾幼以及人之幼，天下可運於掌。詩云：刑於寡妻，至於兄弟，以御於家邦。言舉斯心，加諸彼而已。故推恩足以保四海，不推恩無以保妻子。古之人所以大過人者，無他焉，善推其所爲而已矣。」
㉗ 見《孟子・離婁篇》上，孟子曰：「三代之得天下也，以仁；其失天下也，以不仁。」「桀紂之失天下也，失其民也；失其民者，失其心也。得天下有道，得其民，斯得天下矣。得其民有道，得其心，斯得民矣。」
㉘ 同㉖，孟子曰：「……是故明君制民之產，必使仰足以事父母，俯足以畜妻子，樂歲終身飽，凶年免於死亡。……謹庠序之教，申之以孝悌之義，頒白者不負戴於道路矣。」
㉙ 見《孟子・公孫丑篇》上。
㉚ 見《尚書・夏書・五子之歌》。
㉛ 同㉖，孟子曰：「不違農時，穀不可勝食也。……百畝之田，勿奪其時，數口之家可以無饑矣。」

言・孝至篇》云:

> 「君人者，務在殷民阜財，明道信義；致帝者之用，成天地之化，使粒食之民粲也，晏也；享於鬼神，不亦饗乎?」

人君行仁政，務必使百姓富有，明道信義，以參贊天地之化育；而藏富於民之道，除了爲民制產之外，尚須薄賦稅，正如孟子主張的「什一去關市之征。」㉜揚雄以爲什一之稅，是最理想的稅制；《法言・先知篇》云:

> 「什一天下之正也，多則桀，寡則貉。井田之田，田也；肉刑之刑，刑也。田也者，與衆田之；刑也者，與衆棄之。」

以十取一的稅，不會有過與不及之弊，孟子言:「欲輕之於堯舜之道者，大貉小貉也；欲重之於堯舜之道者，大桀小桀也。」㉝「易其田疇，薄其稅斂，民可使富也。」㉞是同樣有養民、富民的意義。揚雄不僅主張要使民富有，須什一而稅，同時他也反對人君施政與民爭利，他舉了桑弘羊爲漢武帝改革財政的例子，認爲有與民爭利之嫌，以致海內蕭然；《法言・寡見篇》云:

㉜ 同❷。
㉝ 見《孟子・告子篇》下。
㉞ 見《孟子・盡心篇》上。

「或曰：弘羊榷利而國用足，盍榷諸？曰：譬諸父子，爲其父而榷其子，縱利，如子何？」

蓋有若（前 538～前 467）譏十二之稅，揚子貶榷利之權也。除此，揚雄認爲人君施政，必當使百姓養生送死無憾，得其民心則天下可治，其云：「從政者，審其思斁而已矣。或問何思何斁？曰：老人老，孤人孤，病者養，死者葬，男子畝，婦人桑之謂思。若汙人老，屈人孤，病者獨，死者逋，田畝荒，杼軸空之謂斁。」㉟什麼是百姓所思所想的，什麼是百姓所討厭的，惟其能「老吾老以及人之老，幼吾幼以及人之幼」、「鰥寡孤獨癈疾者皆有所養」、「養生送死無憾」、「不奪民時，使民各安其業」，自然就能臻百姓於安樂之境地。

乙　德治

揚雄稟承儒家政治道統，主張「德治」；蓋政事盡於行仁，而行仁以從政者之修身爲起點，人君自身的道德修養，必須要足以爲民表率，孔子曰：「政者，正也。子帥以正，孰敢不正？」㊱又嘗謂：「苟正其身矣，於從政乎何有，不能正其身，如正人何？」㊲又謂：「上好禮，則民莫敢不敬；上好義，則民莫敢不服；上好信，則民莫敢不用情。」㊳孔子更設譬以明其旨曰：「君子之德風，小人之德草；草上之風必偃。」㊴這些都是以德性

㉟　見《法言・先知篇》。
㊱　同㉔。
㊲　見《論語・子路篇》。
㊳　同上。
㊴　同㉔。

指導政治的觀念，故孔子視之，修身以正人，實爲事至簡，收效至速，苟能用之，則「不令而行」，揚雄論政亦以此爲依歸；《法言・先知篇》云：

> 「或問何以治國？曰：立政。曰：何以立政？曰：政之本，身也；身立則政立矣。」

爲政首需正身，人君必須修德而後才能治天下；蓋治亂之道，繫乎執政者之德性，孟子以爲仁政之施行，必須有賴於掌政權者本身能立仁心，所謂：「先王有不忍人之心，斯有不忍人之政」㊵，仁心能否建立，卽是德性問題，必須執政者有如此之德性，然後能由其仁心而施仁政，旣有仁政，然後天下方能得治；於是，孟子之政治理想遂以有德者執政爲中心，此卽後世所謂聖君賢相之政治理想，亦卽所謂的「德治」。而揚雄所處的時代，正是王莽當政，重災異不重個人道德之修養，捨本逐末以施政，違反德治；《法言・孝至篇》云：

> 「或曰聖人事異乎？曰：聖人德之爲事，異亞之，故常修德者，本也；見異而修德者，末也。本末不修而存者，未之有也。」

天人感應之思想由災異而爲讖緯符命，其事殆在哀、平之際㊶；王莽乘之，遂生簒奪之心，係成十餘年「誦六藝以文姦

㊵ 同㉙。
㊶ 見《後漢書・卷五十九・張衡列傳》。

言」㊷之政治，其得勢以後，所行不外乎倣經義信符命之二端；而助成新莽篡漢之符命，以元始五年孟通之白石丹書爲嚆矢，此後則有臨淄亭長辛當之天公示夢，哀章之金圖策書㊸。王莽既信其誠出天授，乃於始建國元年遣五威將軍王奇等十二人，班《符命》四十二篇於天下，列舉德祥、符命、福應諸事㊹。自以爲得土德，代漢火德而有天下；又策封前王之後，謂劉爲堯裔，王則舜後，新之代漢，正如唐、虞之相禪㊺；類此怪誕之言，不一而足。蓋王莽治國不以修德爲尚，徒重災異讖緯符命，屈折人事以符合天象，忘卻先儒德治教化之功，平時既不修德，故其以信符命而殺身滅族，至死不悟㊻，其愚誠不可及，是以國祚短命矣。

揚雄主張修德以治天下，苟若君王尚力而不尚德，必遭速亡，無法久享其位；孟子曰:「仲尼之徒，無道桓文之事者。」㊼《法言・寡見篇》亦云:「齊桓晉文以下至於秦兼，其無觀已。……所謂觀，觀德也，如觀兵，開闢以來，未有秦也。」是知齊桓、晉文、乃至秦之統一天下，皆尚力而不尚德，故無法長治久安；蓋「以力假仁者霸，以德行仁者王。……以力服人者，非心服也，力不贍也；以德服人者，中心悅而誠服也，如七十子之服孔子也。」㊽領導者治理國政，當使百姓中心悅而誠服，發揮自己的仁心以愛天下之人；如此，爲人君的人才可以王天下，爲人

㊷ 見《漢書・卷九十九下・王莽傳》贊語。
㊸ 以上均見《漢書・卷九十九上・王莽傳》。
㊹ 見《漢書・卷九十九中・王莽傳》。
㊺ 同上。
㊻ 見《漢書・卷九十九下・王莽傳》。
㊼ 見《孟子・梁惠王篇》上。
㊽ 同㉙。

臣的人才可以化天下；然就天下治道言，人君施行仁政，則天下有道，人君爲暴虐，則天下無道；齊桓、晉文皆以力假仁者也，秦則施暴政以致生靈塗炭，實不足觀也。爲人君者須以德服人，爲人臣者亦當重德，如是夫才能「仁者無敵」；〈寡見篇〉又云：「魏武侯與吳起浮於西河，寶河山之固；起曰：在德不在固。曰：美哉言乎！使起之固兵每如斯，則太公何以加諸？」是見吳起寶河山之固強調德的重要，然其治兵卻不能以德施教，苟若治兵亦能施以德治，則「王往而征之，夫誰與王敵？」孔子以政爲正，在上位者先正身而後正人；孟子以政爲尚德，以德行仁者王；揚雄之德治思想實源於此。

丙　尚賢

儒家主張，人君治國，必須「選賢舉能」，重用賢能的人才；孟子以「急親賢之爲務。」㊾若能「尊賢使能，俊傑在位，則天下之士，皆悅而願立於其朝矣。」㊿而揚雄則以爲「經營然後知幹楨之克立也。」51經營房屋知道需要幹楨之才作棟樑，治理國家亦應起用賢能之人爲國家之棟樑。揚雄以爲百姓對於人君施政，有三種憂慮以爲苦，苟能去惡政則天下治；故惟有任賢取才，使賢者在位，能者在職，施德治以教化天下，則天下國家可治；《法言・先知篇》云：

> 「或問民所勤？曰：民有三勤。曰：何哉所謂三勤？曰：政善而吏惡，一勤也。吏善而政惡，二勤也。政吏駢惡，

㊾　同㉞。
㊿　同㉙。
51　同⑲。

三勤也。」

是知百姓所憂以爲苦的是：一爲政善而吏惡，二爲吏善而政惡，三爲政吏皆惡，此三者皆足以使百姓受虐害，而天下國家亦不足以爲治；故必需如孟子所言應該「貴德而尊士」使「賢者在位，能者在職。」然而什麼才是眞賢才呢？〈五百篇〉云：「聖人之材天地也；次山陵川泉也；次鳥獸草木也。」可見揚雄心目中，只有聖人、眞儒，才是眞正的賢才，蓋聖人之才可以參贊天地之化育，使國治而天下平。《法言．寡見篇》云：

「或問魯用儒而削何也？曰：魯不用儒生，昔在姬公用於周，而四海皇皇奠枕於京。孔子用於魯，齊人章章歸其侵疆。魯不用眞儒故也，如用眞儒，無敵於天下，安得削？」

治國需用賢能之士，孟子以「堯以不得舜爲己憂，舜以不得禹、皐陶爲己憂……。」[52]同樣的揚雄亦以人君治國不得賢才而憂，然而何謂賢才？又如何去檢覈賢才？他提出了依「三檢」來評量判斷人才，以爲人君所用；《法言．修身篇》云：

「天下有三檢，眾人用家檢，賢人用國檢，聖人用天下檢。」

---

[52] 見《孟子．滕文公篇》上。

蓋眾人知道以家的豐瘠爲憂樂，所以只要從其對家之作爲，卽知其才幹；賢人則是以國家之治道爲憂樂；而聖人則以天下爲己任、爲憂樂；依此「三檢」來判斷人才，那麼賢能之士自然顯現，爲國所用。然而賢才是否能爲國用？人君不用賢能之士則國難治矣，孟子曰：「不信仁賢，則國空虛。」㊳墨子（前 468～前 376）云：「入國而不存其士，則國亡矣；見賢而不急，則緩其君矣。非賢無急，非士無與慮國；緩賢忘士，而能以其國存者，未曾有也。」㊴蓋因賢士爲政之本，賢士高貴明智，爲國家之上才，其能慮國急民，強國富民，治國安民，能滿足國家人民的共同期望；如果賢士不被舉用，則只有不肖者出主國政，那麼，禍國殃民，道德淪喪，天下大亂也是必然的了；是故，揚雄主張人君治理國政，當以尚賢能之士爲要，其理至明。

2.禮樂、教化與法度

甲 禮樂

儒家學說重視禮樂教化；孔子言「攝禮歸仁」，以「禮」爲一生活秩序，而一切秩序之具體內容（儀文），可依「理」而予以改變；禮的基礎是歸於自覺的，它也是文化秩序，〈樂記〉云：「禮者天地之序也」，故知禮就是一個「序」字，其餘一切涵義都統攝在「序」之中。而樂是人類心靈的感受，眞情的流露，及對生命的體驗，所融貫而呈顯的生命力，中國藝術精神，不只是在於這種生命力的表現，同時那潛藏於生命深處的情，及自覺的人性也並發而顯；換句話說，樂是經由涵養而成之生命精

㊳ 同❸。

㊴ 見《墨子・親士篇》。

神的內在昇華，與心靈之光的照耀；樂是人心感於物而動於情者，韓愈在其〈送孟東野序〉上云：「樂也者，鬱於中而洩於外者也。」荀子亦云：「夫樂者，樂也，人情之所必不免也。」㊺樂之本在於內心中和之情，樂之本質可用「和」字來代表，荀子云：「樂言是其和也。」㊻「樂者天下之大齊也，中和之化也。」㊼故禮樂爲教化之本；然而禮樂非指徒具虛文之形式，孔子嘗謂：「禮云禮云，玉帛云乎哉！樂云樂云，鐘鼓云乎哉！」㊽又謂：「人而不仁，如禮何？人而不仁，如樂何？」㊾以去其尙文之弊；當知「樂自內出，禮自外作」㊿安上治民，莫善於禮，移風易俗，莫善於樂，故孔子云：「興於詩，立於禮，成於樂。」(61)通過禮樂教化，使百姓有寬厚之德，使國人溫厚可親。而揚雄亦主張人君治民，教化以禮樂爲先；在《法言》一書中論及禮樂之言，見諸於〈問道篇〉、〈五百篇〉等篇，今列之於後：

「允治天下不待禮文與五教，則吾以黃帝堯舜爲疣贅。」

「請問禮莫知，曰：行禮於彼而民得於此，奚其知。或曰：孰若無禮而德，曰：禮，體也。人而無禮，焉以爲德。」

㊺ 見《荀子・樂論篇》。
㊻ 見《荀子・儒效篇》。
㊼ 同㊺。
㊽ 見《論語・陽貨篇》。
㊾ 見《論語・八佾篇》。
㊿ 見《禮記・樂記》。
(61) 見《論語・泰伯篇》。

「或問八荒之禮，禮也樂也，孰是？曰：殷之以中國。或曰：孰爲中國？曰：五政之所加，七賦之所養，中於天地者爲中國。過此而往者人也哉。」

「聖人之治天下也，礙諸以禮樂，無則禽，異則貉。吾見諸子之小禮樂也，不見聖人之小禮樂也。」

「或問太古塗民耳目，惟其見也，聞也，見則難蔽，聞則難塞。曰：天之肇降生民，使其目見耳聞，是以視之禮，聽之樂。如視不禮，聽不樂，雖有民焉得而塗諸。」

「川有防，器有範，見禮教之至也。」

前面所引之各句中，「五教」指的是「父義、母慈、兄友、弟恭、子孝也」[62]；「殷之以中國」的「殷」是隆的意思；「五政」卽「五教」；「七賦」指的是「五穀桑麻」之屬；「礙諸以禮樂」的「礙」是限的意思。禮是德之本，無禮則無德，聖人順乎人情而制定禮樂，目的卽在使人向善；苟若搥提仁義，滅絕禮樂，則無法達天下治之之功，故惟需以禮樂教化使民歸之於正方爲上著。

是知禮和樂是相輔相成，互爲表裡的，自古卽以禮樂並稱，禮起於制欲，樂起於道和，先王聖哲爲求治民、安民，故重禮樂，揚雄亦若是。〈樂記〉云：「是故先王愼其所以感之者，故禮以道志，樂以道其聲，政以一其行，刑以防其姦。禮樂刑政，其極一也，所以同民心而治道也。」禮是「序」，樂是「和」；

---

[62] 見《漢書・百官公卿表》云：「離作司徒，敷五教。」應劭注：「五教，父義，母慈，兄友，弟恭，子孝也。」

「禮節，民心」、「大禮與天地同節」、「樂和，民聲」、「大樂與天地同和」[63]；「和」與「序」成爲宇宙人倫之本，而「序」是「和」的先決條件，無序無以成和，故樂中有禮，所以〈樂記〉云：「樂者通倫理者也……知樂則幾於禮矣。」而禮之至必達於樂，周敦頤《通書》云：「禮，理也；樂，和也。陰陽和而後理。君君、臣臣、父父、子子、兄兄、弟弟、夫夫、婦婦，萬物各得其理而後知，故禮先而樂後。」樂自內出，禮自外作；樂動於內主和，禮動於外主敬，內能和而後外能敬，故能「樂而不淫，哀而不傷」[64]，樂兼及禮，禮樂是內外相應。樂是情之不可變者，禮是理之不可易者，發乎情止乎理，情深而理至，則樂涵於內，禮顯於外，所謂「和順積中，英華發外」，則「大人舉禮樂則天地將爲昭焉」，故「大樂與天地同和，大禮與天地同節。和故百物不失，節故祀天祭地。明則有禮樂，幽則有鬼神；如此則四海之內合敬同愛矣。」[65]禮樂是彼此互相呼應，禮樂以仁爲懷，以天地萬物爲一體，興樂以發乎人情，使天地同和並育，順乎固有之善性而爲禮，共循天地秩序，因禮節人性情，使趨於中正和平，樂和人性情，使趨於和諧完美，故樂至則無怨，禮至則無爭，以此成就至善至美的人格。

乙　教化

孟子云：「人之有道也，飽食煖衣，逸居而無教，則近於禽獸。」「學則三代共之，皆所以明人倫也。」[66]教化在政治上，

---

[63] 同[60]。
[64] 同[59]。
[65] 同[60]。
[66] 同[52]。

是儒家所認定的一項重要工作；儒家認爲施政要教養兼施，才能達於治化之功。養就是行仁政，安定人民的生活，使無飢寒之苦；教就是教化人民，使明禮尙義，以達於化民成俗之地。孟子曰：「善政不如善教之得民也。善政民畏之，善教民愛之，善政得民財，善教得民心。」㊲儒家重教化，是德治主張下必有的現象，因爲教就是一種開導，一種感化，治民而不教民，將違背於德治的原則。揚雄亦以爲聖人順天道，本自然，而以道德薰陶百姓，使成其教化，《法言・先知篇》云：「吾見玄駒之步，雉之晨雊也；化其可以已矣哉？」螞蟻、雉鷄這些動物尙且感陽應節受自然之化；何況是人，又怎能不教化呢？人君爲政，除了要養民、富民之外，尙須加以教化，使百姓皆知禮義，脫離樸質而無禮的文化，〈先知篇〉又云：「雌之不才，其卵毈矣；君子不才，其民野矣。」教化的主要目的，是教導人民明於人倫，崇尙德義；教化的內容，在於聳善抑惡，「修其善則爲善人，修其惡則爲惡人」，善惡在所養焉，揚善去惡明德耀志，以導忠信仁義，以禮樂化民成俗；《法言・五百篇》云：「川有防，器有範，見禮教之至也。」使社會形成一種善良風尙，使道德與人民生活，打成一片，構成一種和諧而有序的社會，此乃教化之功。

儒家主張德治，在施政上，以行仁政爲要，在制度上，則以禮治爲主；孔子曰：「道之以政，齊之以刑，民免而無恥；道之以德，齊之以禮，有恥且格。」㊳所謂齊之以禮，就是以禮爲品節制度，作爲準則，來齊一道德上的要求，使民有所遵循。揚雄注重教化，主張行仁政，施德治，所以反對法家的重刑思想；《

㊲ 同㉞。

㊳ 同❶。

法言・先知篇》云:「民可使覿德,不可使覿刑。覿德則純,覿刑則亂。」他批評申、韓於〈問道篇〉云:「申韓之術,不仁之至矣! 若何牛羊之用人也? 若牛羊用人, 則狐狸螻螾不膢臘也與?」申、韓之術,把人民僅僅當作可利用的工具,不把人當人看待,重刑而忽禮,何以服人心? 因此揚雄極端痛恨申、韓之術,直斥其不仁。至於秦之法,更是嚴苛,揚雄亦以爲它是不能用來治民的;《法言・寡見篇》云:

> 「或曰:因秦之法,清而行之,亦可以致平乎?曰:譬諸琴瑟,鄭、衛調,俾夔因之,亦不可以致簫韶矣。」

徒法不足以自行,故爲政當以德、禮爲主,政、刑爲助;是知儒家雖主禮治、德治, 但並不輕法, 然須以禮爲先; 揚雄亦以禮義爲法度,主張「爲國不廸其法,而望其有效,譬諸算乎」;其所言之法,主要是就政治制度及政治綱紀而說的,這也就是《論語・堯曰篇》中所謂的「謹權量,審法度」而來,與「律令」之法並不相同,亦即與僅就刑罰以言法,並不相同。《法言・先知篇》云:

> 「或曰:君子不可不學律令。曰:君子爲國,張其綱紀,議其教化。導之以仁,則下不相賊。涖之以廉,則下不相盜。臨之以正,則下不相詐。修之以禮義,則下多德讓。此君子所當學也。如有犯法,則司獄在。」

綱紀、教化,非指狹義之法而言,實乃禮、義之謂,惟其通過德治、禮治，教化方爲可行，教化方能潛移默化，以收事功。

丙　法度

揚雄的政治思想，雖然重政令法度，但是由於主張行仁政，施德治，所以極力反對嚴刑峻法；如同前段所言，揚雄所謂的法，主要是就政治制度及政治綱紀而言，所以稱之爲「法度」。在他思想中法度與律令之法並不相同，亦卽與僅刑罰以言法，是不同的；那麼揚雄的「法度」其實就是指「禮義」而言，並非指刑罰而言；孔子嘗謂：「禮樂不興，則刑罰不中。」人如果沒有禮制法度予以節制人之情欲，那麼也就沒有綱紀可循，放僻邪侈的事情也就無所不爲了；在《法言》一書中論及「法度」之言，見諸於〈問道篇〉一、〈寡見篇〉二、〈先知篇〉二，今列之於後：

「或曰：太上無法而治，法非所以爲治也。曰：鴻荒之世，聖人惡之。是以法始於伏義而成乎堯。匪伏匪堯，禮義哨哨，聖人不取也。」

「或曰：因秦之法，清而行之，亦可以致平乎？曰：譬諸琴瑟，鄭、衛調，俾夔因之，亦不可以致簫韶矣。」

「秦之有司，負秦之法度。秦之法度，負聖人之法度。秦弘違天地之道，而天地違秦亦弘矣。」

「爲國不廸其法，而望其有效，譬諸算乎！」

「法無限，則庶人田侯田，處侯宅，食侯食，服侯服，人亦多不足矣。」

道家好言「太上」，揚雄特別指出所謂的「太上」，只不過是「鴻荒之世」，鴻荒之世，聖人惡之，其中含有進化及重視文化的意義；苟無法而空言禮義，則爲聖人所不取[69]。如果用秦法再予以修正，而施行之，是否亦可達到治平之目的呢？揚雄以爲，那是不可以的，就好比那些琴瑟，所奏的都是鄭、衛之聲，即使舜時樂官夔再生，亦不能順鄭、衛之聲而奏出盡善盡美的韶樂來；可見嚴刑峻法不可取，惟有行仁政，施德治，才能使國家百姓臻於至善之境。秦的法是刑罰，已經違背了聖人的法度，聖人的法度是本天地而生的，是合乎禮義法則的，秦法度不正，實足以亡國矣。人君治國如果沒有法度，就如同算術無籌碼無法計數，一切的施政作爲也就不能收效了。人不守法度之規範，則爭相競逐爲利、爲欲、爲聲色，那麼天下又怎能平治呢？所以古代聖王之所以能無爲而治，蓋因其法度彰，禮樂著，惟其如此才能政治清平，民安國治。

揚雄論政，除了主張行仁政，施德治，尊尚賢，重禮樂，行教化，明法度，以愛民治國爲念外；就其爲政的要點而言，其具體之做法，主張應該親君子，遠佞人，最高的政治理想是以德化天下，惟有抱此種理想的人，才能不遁世，不離羣。《法言·先知篇》云：「或問政核？曰：眞僞，眞僞則政核。如眞不眞，僞不僞，則政不核。……聖人樂陶成天下之化，使人有士君子之器者也。故不遁於世，不離於羣。遁離者，是聖人乎？」然就其對政治之運用而言，他主張政治當循天道之變化爲依歸，《法言·問神篇》曰：「道非天然，應時而造者，損益可知也。」是以揚雄主張因時制宜，不可泥古不化；《法言·先知篇》云：

---

[69] 見徐復觀《兩漢思想史·卷二·揚雄論究》，頁552。

「或曰：以往聖人之法治將來，譬猶膠柱而調瑟，有諸？曰：有之，曰：聖君少而庸君多，如獨守仲尼之道，是漆也。曰：聖人之法，未嘗不關盛衰焉。昔者堯有天下，舉大綱，命舜、禹、夏、殷、周屬其子，不膠者卓矣。唐、虞象刑惟明，夏后肉辟三千，不膠者卓矣。堯親九族，協和萬國。湯、武桓桓，征伐四克。由是言之，不膠者卓矣。禮樂征伐自天子出，春秋之時，齊、晉實予，不膠者卓矣。」

這些話是針對王莽而言的，王莽與劉歆等人根據自己的想法，雜揉若干古禮、古傳說及漢制，以編造出一部《周官》，說此乃周公致太平之書，以此爲最高的根據，照本宣科地大事改革；一方面是革而不因，另一方面對《周官》而言，又是膠柱鼓瑟，弄得天下大亂，而王莽自己，則認爲他是在實現政治最高理想[70]。而揚雄雖主張改革，但並非要將舊有的制度完全破壞，而是在求因應變化，得其時宜，所以主張「可則因，否則革」，治道所以適應人民的要求，人民的要求，隨時隨地而變，並非一律，所以治國必須有所因，也要有所革。《太玄・玄瑩》云：

「夫道有因有循，有革有化。因而循之，與道神之。革而化之，與時宜之。故因而能革，天道乃得。革而能因，天道乃馴。」

---

[70] 同上，頁553～554。

揚雄主張「爲政日新」[71]，此乃指因革得宜，切合人民之需要而言；仁義是人民需要的實現，人民以仁爲己之利，以義爲己之樂；再賞罰得當，而激厲之以名，文之以禮樂，而引之以美，使百姓歡欣鼓舞，這才是政治的日新。總之，就政治思想而言，揚雄完全接受儒者之傳統觀念，以政治生活爲道德生活的延長，以理想人格作爲理想政治的條件，以仁政愛民遵行禮樂教化爲功，其思想深具意義。

---

[71] 見《法言·先知篇》云：「爲政日新。或人敢問日新？曰：使之利其仁，樂其義，厲之以名，引之以美，使之陶陶然，之謂日新。」

第七章　評諸子、歷史人物與反迷信

揚雄在《法言》一書中，對諸子學說，及歷史人物做了極其廣泛的批評；對「象龍之致雨」的迷信，以及神怪仙道的思想亦作了撻伐； 其所預設的準據是《法言．學行篇》所謂的：「於戲! 學者審其是而已矣。或曰：焉知是而習之? 曰：視日月而知眾星之蔑也， 仰聖人而知眾說之小也。」以及〈吾子篇〉所謂的：「萬物紛錯則懸諸天，眾言淆亂則折諸聖。」「不合先王之法者， 君子不法也。……舍五經而濟乎道者末矣 。」思想而來的；本章就根據揚雄在《法言》書中所涉及批評到的諸子學說與歷史人物作一分析與了解，並就其對歷史傳說和迷信，作一「疾虛妄」的認識。

一、對諸子學說的評論

1.儒家：孔子、孟子、荀子

揚雄最推崇孔子，把孟、荀亦提在諸子之上，可以說他是以承孔、孟自居， 以儒者自居， 因此亦尊儒家稱道之古人，《法言·問道篇》云：「適堯舜文王者爲正道，非堯舜文王者爲它道。君子正而不它。」以「堯舜文王」作爲「正道」之代表，即以儒者所尊崇之古人爲「正道」所在也。

在揚雄心目中，孔子是怎樣的一種形象？以致於他心儀孔子，在心靈深處對孔子建立起一種信仰呢？《法言》一書中可窺知端倪。

〈學行篇〉云：

「天之道，不在仲尼乎！」

「視日月而知衆星之蔑也，仰聖人而知衆說之小也。」

〈吾子篇〉云：

「委大聖而好乎諸子者，惡覩其識道也？山崾之蹊，不可勝由矣；向牆之戶，不可勝入矣。曰：惡由入？曰：孔氏。孔氏者，戶也。」

「或曰：人各是其所是，而非其所非，將誰使正之？曰：萬物紛錯則懸諸天，衆言淆亂則折諸聖。或曰：惡睹乎聖而折諸？曰：在則人，亡則書，其統一也。」

〈修身篇〉云：

「或曰：孔子之事多矣，不用，則亦勤且憂乎？曰：聖人樂天知命，樂天則不勤，知命則不憂。」

「聖人耳不順乎非，口不肄乎善。」

「觀乎天地，則見聖人。」

〈問道篇〉云:

「大哉聖人，言之至也，開之，廓然見四海，閉之，閛然不覩牆之裡。」

〈問神篇〉云:

「惟聖人得言之解，得書之體，白日以照之，江河以滌之，灝灝乎其莫之禦也。」

〈問明篇〉云:

「仲尼，聖人也。或者劣諸子貢，子貢辭而精之，然後廓如也。於戲！觀書者違，子貢雖多，亦何以爲。」

〈五百篇〉云:

「仲尼，神明也；小以成小，大以成大，雖山川丘陵，草木鳥獸，裕如也。」

〈重黎篇〉云:

「或問聖人表裡？曰：威儀文辭，表也；德行忠信，裡也。」

揚雄認爲孔子是最偉大的聖人，具有最高的智慧，「能言之類，莫能加也。」❶按漢代學者認爲《周易大傳》是孔子的著作，而此書中確實含有豐富而深刻的思想，揚雄以爲「經莫大於《易》。」他特別推崇孔子，是可以理解的。然而孔子何以不能見用於世？揚雄在〈問神篇〉云：「或曰：仲尼聖者與，何不能居世也，曾范蔡之不若；曰：聖人者范蔡乎，若范蔡其如聖何？」〈五百篇〉云：「或問孔子之時，諸侯有知其聖者與？曰：知之。知之，則曷爲不用？曰：不能。曰：知聖而不能用也，可得聞乎？曰：用之，則宜從之；從之，則棄其所習，逆其所順，彊其所劣，捐其所能，衝衝如也，非天下之至，孰能用之。」是知，聖人之道德理想如同日月，在位者又何以有此智慧棄置其原有之觀念，而接受聖人的理想？自然聖人如孔子者，就不易見用於世了。

孔子之後，尊崇孔子的人很多；而孟子死後的兩百多年間，推崇者實很少見，有之，則以揚雄開始；揚雄尊孔以外，亦推尊孟子，並以孟子自比，《法言・吾子篇》云：

> 「古者，楊、墨塞路，孟子辭而闢之，廓如也。後之塞路者有矣，竊自比於孟子。」

揚雄自比孟子，以孟子爲自己立身行事之標準；他認爲孟子有大丈夫之氣概與直承孔子之道的精神；其推崇可知。《法言・

---

❶ 見《法言・五百篇》。

淵騫篇》、〈君子篇〉分別云:

「或問勇，曰：軻也。曰：何軻也？曰：軻也者，謂孟軻也，若荆軻，君子盜諸。請問孟軻之勇？曰：勇於義而果於德，不以貧富貴賤死生動其心，於勇也其庶乎！」

「或問孟子，知言之要，知德之奥；曰：非苟知之，亦允蹈之。或曰：子小諸子，孟子非諸子乎？曰：諸子者，以其知異於孔子也，孟子異乎不異。」

揚雄雖推尊孟子，但在心性的根源之地，卻全未受孟子由心善以言性善的影響，而另創「善惡混」說，其人性論思想全未接觸善惡之意義以及德性之可能等的基本問題，可以說是悖離孟子的人性思想而不解。另外，他也批評孟子「五百年必有王者興」的觀念，認爲這種觀念既無根據，也無法徵驗。雖其如此，綜觀孟、揚，《孟子》文筆明白曉暢，而揚雄之論著則不然，《太玄》艱澀，《法言》簡略，實不能和《孟子》相比；但揚雄對於諸子之說，都有所批評，則與孟子相近；關於孟、荀，他提出了自己的看法，《法言・君子篇》云:

「……或曰：孫卿非數家之書，侻也。至於子思、孟軻，詭哉！曰：吾於孫卿與，見同門而異戶也，惟聖人爲不異。」

《廣雅・釋詁》：「侻，可也。」孟、荀同宗孔子，但立說卻有所不同，揚雄認爲孟子與孔子無異，而荀子則不免有異於孔子。荀子、揚雄皆重智，揚雄所言之「修性」，實同於荀子「君子之學也以美其身」、「君子之學也，入乎耳，箸乎心，布乎四體，形乎動靜，端而言，蝡而動，一可以為法則。」的思想。由上所述，可知揚雄宗述孔、孟，以儒者自居。

2.道家：老子、莊子

揚雄受嚴君平思想之影響，故於《太玄》受老子影響甚多；但他在《法言》中，卻對老子，作了一番取捨與批評，對老子的批評，《法言》有下列重要的觀點：

〈問道篇〉云：

「老子之言道德，吾有取焉耳；及搥提仁義，絕滅禮學，吾無取焉耳。」

「或問無為？曰：奚為哉！在昔虞夏襲堯之爵，行堯之道，法度彰，禮樂著，垂拱而視天下民之阜也，無為矣。紹桀之後，纂紂之餘，法度廢，禮樂虧，安坐而視天下民之死，無為乎？」

「聖人之治天下也，礙諸以禮樂，無則禽，異則貉。吾見諸子之小禮樂也，不見聖人之小禮樂也。」

「或問太古塗民耳目，惟其見也，聞也。見則難蔽，聞則難塞。曰：天之肇降生民，使其目見耳聞，是以視之禮，聽之樂。如視不禮，聽不樂，雖有民，焉得而塗諸。」

「或問新敝？曰：新則襲之，敝則益損之。」

〈寡見篇〉云：

「惠以厚下，民忘其死；忠以衛上，君念其賞。自後者人先之，自下者人高之，誠哉是言也。」

〈孝至篇〉云:

「天道勞功。或問勞功? 曰: 日一日勞，考載曰功。或曰: 君逸臣勞，何天之勞? 曰: 於事則逸，於道則勞。」

揚雄作《法言》的階段，全心歸宗儒家，於是對老、孔之間，有了新的抉擇；所以「老子之言道德，吾有取焉。」而仁義禮樂則爲老子反對，故揚雄不取；關於老子無爲的思想，他認爲聖君盛世，垂拱而治天下；卽使不主張無爲，而無爲自致；至於後世，禮樂虧，法度廢，暴君當政，置人民於水火之中，則何忍無爲? 上古之世爲「無爲之治」，後世文明出，則不得不爲也，老子曰: 「大道廢，有仁義；智慧出，有大僞。」❷又曰: 「失道而後德，失德而後仁，失仁而後義，失義而後禮；夫禮者，忠信之薄，而亂之首。」❸可見揚雄乃從實際的政治上批評老子的無爲思想，而卻取其天道觀的無爲❹。

揚雄對莊子的批評可以說是褒貶各半，《法言・五百篇》云:「莊、楊蕩而不法。」言其虛玄而不守法度，法度與禮樂是

---

❷ 見《老子・十八章》。
❸ 見《老子・三十八章》。
❹ 見《法言・問道篇》，云: 「或問天? 曰: 吾於天歟，見無爲之爲矣。……老子之言道德，吾有取焉耳。」

揚雄批評莊周、楊朱的準則。〈問道篇〉言:「莊周有取乎? 曰: 少欲。」這裡雖然他贊成莊子的「少欲」思想，但是「少欲」並不是莊學的重要特色，則他是不了解莊子思想深處的。同篇又云:「至周，罔君臣之義。」全無涉及莊子思想，亦毫無意義。另外〈君子篇〉云:「或曰: 人有齊死生，同貧富，等貴賤，何如? 曰: 作此者其有懼乎? 信死生齊，貧富同，貴賤等，則吾以聖人爲囂囂。」此乃純粹站在儒家之立場，對莊子之批判，說莊子「其有懼」，則他亦未嘗不知莊子。在《法言》論及莊子，有與申、韓並稱者，有與鄒衍並稱者，其文如下:

> 「或問: 人有倚孔子之牆，弦鄭、衛之聲，誦韓、莊之書，則引諸門乎? 曰; 在夷貉，則引之; 倚牆則麾之。」❺
> 「莊周、申、韓，不乖寡聖人，而漸諸篇，則顏氏之子，閔氏之孫，其如臺。」❻
> 「或問鄒、莊有取乎? 曰: 德則取，愆則否。何謂德愆? 曰: 言天地人; 經，德也; 否，愆也。愆語君子不出諸口。」❼

徐復觀以爲「這裡是將韓、莊並稱……這裡又是莊周、申、韓並稱，不過應注意到，當他把申、韓與莊周並稱時，則對申、韓多恕辭，若單獨稱到申、韓時，乃切就現實政治而言，則非常嚴正深刻。」❽ 鄒、莊有取乎? 乃在批評鄒衍無知於天地之間

---

❺ 見《法言・修身篇》。
❻ 見《法言・問道篇》。
❼ 見《法言・問神篇》。
❽ 見徐復觀《兩漢思想史・卷二・揚雄論究》，頁 525。

耳。

3.墨家：墨子

揚雄批評墨子「儉而廢禮」，頗爲中肯。蓋墨子主張「兼相愛、交相利」，而交相利重在現實生活的層面，根據此一現實功利的要求，於是就主張「節用」、「節葬」、「非樂」等功利主義的文化觀，使得人缺乏禮樂性情的陶冶，使得人流於乾枯而無潤澤的生命世界，忽視了生命理想與價值之追求，這正是荀子所謂的「蔽於用而不知文。」⑨《莊子・天下篇》對墨子有著這樣的批評：

> 「今墨子獨生不歌，死不服，桐棺三寸而無槨，以爲法式，……其生也勤，其死也薄，其道大觳。使人憂，使人悲，其行難爲也。……使後世之墨者，多以裘褐爲衣，以跂蹻爲服，日夜不休，以自苦爲極。……墨子眞天下之好也！將求之不得也！雖枯槁不舍也！才士也夫！」

荀子〈非十二子篇〉言墨子「……上功用大儉約而僈差等……」，司馬談〈論六家要旨〉亦言「墨者儉而難遵，是以其事不可徧循……」，班固《漢書・藝文志》亦言墨家者流「及蔽者爲之，見儉之利，因以非禮。」彊本節用，故不可廢；然儉而廢禮，則有所不可；揚雄與各家之批判墨子，實有其會通相知之處。

---

⑨ 見《荀子・解蔽篇》。

4.法家：申子、韓非子（？～前 233）

揚雄對諸子之評論中，最不滿而提出強烈批判的就是申不害、韓非了；《法言・五百篇》言其「險而無化」，是說申、韓只知用法術統馭臣民而不知重教化，是不足爲取的；在《法言》書中批判申、韓之語相當激烈，其言曰：

「申、韓之術，不仁之至矣，若何牛羊之用人也，若牛羊用人，則狐狸螻螾，不膢臘也與？或曰：刀不利，筆不銛，而獨加諸砥，不亦可乎？曰：人砥則秦尚矣。」

「或曰：申、韓之法非法與？曰：法者，謂唐虞成周之法也。如申、韓！如申、韓！」

「或曰：刑名非道邪，何自然也！曰：何必刑名，圍棊，擊劒，反目眩形，亦皆自然也，由其大者作正道，由其小者作姦道。」

「莊周、申、韓，不乖寡聖人，而漸諸篇，則顏氏之子，閔氏之孫，其如臺。」❿

「或問人有倚孔子之牆，弦鄭、衛之聲，誦韓、莊之書，則引諸門乎？曰：在夷貉，則引之；倚牆則麾之。」⓫

「或問：韓非作說難之書，而卒死乎說難；敢問：何反也？曰：說難，蓋其所以死乎！曰：何也？曰：君子以禮動，以義止；合則進，否則退；確乎不憂其不合也。夫說人而憂其不合，則亦無所不至矣。或曰：說之不

---

❿ 以上均見《法言・問道篇》。

⓫ 同❺。

合，非憂邪？曰：說不由道，憂也。由道而不合，非憂也。」⓬

是知刑名家者，峻刑戮之術，制民如牛羊，雖可偷功於一時，然所用者少，不可以長治久安。揚雄雖主張明法度，然其所指乃禮義而言，並非指刑罰而言，所以對申不害（？～前337）、韓非之專任刑戮，不重教化的政治是不接受的。司馬談在〈論六家要旨〉中，對法家有「嚴而少恩」、「不別親疏，不殊貴賤，一斷於法，則親親尊尊之恩絕矣！可以行一時之計，而不可長用也。」的批評；班固《漢書・藝文志》也說法家「無教化，去仁愛，專任刑法，而欲以致治。」使國治民安是值得懷疑的。還是孔子說得好，其言曰：「道之以政，齊之以刑，民免而無恥；道之以德，齊之以禮，有恥且格。」誠如斯言！

5.陰陽家：鄒衍

揚雄批判鄒衍「迂而不信」、「無知於天地之間」，可見他是反對陰陽家五德終始之說的，《法言・五百篇》云：「或問，聖人占天乎？曰：占天地。若此，則史也何異？曰：史以天占人，聖人以人占天。」〈重黎篇〉云：「或問黃帝終始？曰：託也。昔者，姒氏治水土，而巫步多禹；扁鵲盧人也；而醫多盧。夫欲讎僞必假眞。禹乎？盧乎？終始乎？」揚雄亦曾對鄒衍有「自持」的評價，「自持」所說的是指「必止乎仁義、節儉。」⓭並非陰陽五德終始之觀念，故揚雄以爲其「有取」也。由於漢儒

⓬ 見《法言・問明篇》。
⓭ 見《史記・孟荀列傳》。

多少都受陰陽家思想之影響，揚雄於《太玄》一書亦受其影響，然《法言》反之；司馬談〈論六家要旨〉稱道陰陽家，可見漢代受陰陽五行學說影響之深矣。

6.名家：公孫龍（前498～？）

揚雄對公孫龍在《法言・吾子篇》中有下列的批評：

> 「或問公孫龍詭辭數萬以為法，法與？曰：斷木為棊，梡革為鞠，亦皆有法焉。不合乎先王之法者，君子不法也。」

這句話是將公孫龍的辭比做棊、鞠，即視為遊戲之類；而所謂「先王之法」是指「唐虞成周之法」；揚雄意謂名家只是小道，不足為君子所取法。《荀子・非十二子篇》認為名家「不法先王，不是禮義，而好治怪說，玩琦辭，甚察而不惠，辯而無用，多事而寡功，不可以為治綱紀。」揚雄對於名家之立論實同於荀子之觀念也。

二、對歷史人物的批評

揚雄對歷史人物批評的範圍極廣，從東漢到魏晉，品評人物的風氣很盛，揚雄實開風氣之先。而《法言》一書中，對歷史人物的批評主要集中在〈重黎篇〉和〈淵騫篇〉，在這兩篇文章裡對先秦、秦、以及漢代的歷史人物做了廣泛的批評；今依書中之秩序分述於後：

1.先秦歷史人物

・「或問屈原智乎？曰：如玉如瑩，爰變丹青，如其智！如其智！」（〈吾子篇〉）意指揚雄在屈原的作品中，發現了如玉如瑩的屈原人格。

・「魏武侯與吳起浮於西河，寶河山之固，起曰：在德不在固。曰：美哉言乎，使起之固兵每如斯，則太公何以加諸。」（〈寡見篇〉）揚雄讚美吳起與魏武侯在西河巡視時，對於寶山河之固所發表的意見，說是在「德」不在「固」；可是卻惋惜吳起治兵不知道運用同樣的道理；苟若治兵也能以德施教，那就便成王者之師了。

・「或問子胥、種、蠡孰賢？」（〈重黎篇〉）譏伍子胥「破楚入郢」皆不由德，實不足取；對文種、范蠡，認爲他們「不彊諫而山棲，俾其君詘社稷之靈而童僕，又終弊吳，賢皆不足邵也。」（〈重黎篇〉）指此二子賢不稱其美也；「至蠡策種而遁肥矣哉！」（〈重黎篇〉）則讚美范蠡功成身退。

・「或問六國竝，其已久矣，一病一瘳，迄始皇，三載而咸；時激，地保，人事乎？」（〈重黎篇〉）竝是並存的意思，三載而咸的「咸」是指皆屬秦的意思，始皇於二十六年並天下也。

・「或問秦伯列爲侯衛，卒吞天下，而赧曾無以制乎？」（〈重黎篇〉）揚雄推原周亡秦興之故，在秦「襄公始僭西畤以祭白帝；文宣靈宗，興鄜密上下用事四帝，而天王不匡，反致文武胙。」（〈重黎篇〉）可見周之衰非一朝一夕矣。

・「或問信。曰：不食其言。」（〈重黎篇〉）讚美晉之荀息、趙之程嬰、公孫杵臼等人有不食言之德，實足範式。

·「或問賢。曰：爲人所不能。」（〈重黎篇〉）以顏淵、黔婁、四皓、韋玄爲賢人。「問長者」則言藺相如之屈於廉頗，欒布之不倍彭越，朱家之不以救人爲德，直不疑之不校同舍誤疑其盜金，韓安國之陰往長安釋景帝對梁孝王之疑忌，皆稱許其爲「長者」。

·「或問勇。曰：軻也。」（〈淵騫篇〉）稱頌孟子勇於義而果於德，不以貧富貴賤死生動其心。

·「魯仲連傷而不制，藺相如制而不傷。」（〈淵騫篇〉）稱許魯仲連高談以救時難，功成而不受祿賞；藺相如好義崇理，屈身伸節，輔佐本國繫時之務也。

·「或問鄒陽？曰：未信而分疑，忼辭免釁，幾矣哉！」（〈淵騫篇〉）太史公讚揚其「亦可謂抗直不撓矣。」

·「或問信陵、平原、孟嘗、春申，益乎？曰：上失其政，姦臣竊國命，何其益乎？」（〈淵騫篇〉）揚雄斥他們爲「奸臣竊國命」，此乃揚雄諳於四子當時歷史背景所作之評論。

·「樗里子之智也，使知國如葬，則吾以疾爲蓍龜。」（〈淵騫篇〉）世德堂本作「使知國如知葬」，樗里子爲秦相，未聞有所益於國，而獨以知葬聞，是其智不足稱也。

·「或問要離非義者與？」以「實蛛蝥之劘也」評要離；以「實壯士之靡也」評聶政；以「實刺客之靡也」評荊軻；靡是「爲」的意思，這裡揚雄皆斥其「焉可謂之義？」與《史記》所作之評不同。（〈淵騫篇〉）

·「或問儀、秦學乎鬼谷術」（〈淵騫篇〉），揚雄斥責張儀、蘇秦爲「詐人」，並以一在「解亂」，一在「富貴」，爲子貢與張儀、蘇秦的分別，實爲允當。

・「或曰：儀、秦其才矣乎，迹不蹈已，曰：昔在任人，帝曰：難之，亦才矣，才乎才，非吾徒之才也。」（〈淵騫篇〉）評如張儀、蘇秦之才亦佞人而已，何足算哉！憑藉縱横口才，實乃君子所不貴者也。

・「秦將白起不仁」（〈淵騫篇〉），揚雄以「不仁」責難白起，白起屠殺趙人於長平，死四十餘萬人，蚩尤之亂，不過於此，其「不仁」若是。

・「翦，曰：始皇方獵六國而翦牙欻。」（〈淵騫篇〉）揚雄以王翦爲秦將夷六國，是始皇爲虎而翦爲之牙，其殘酷不仁者也。

2.秦代歷史人物

・「或問陳勝、吳廣」，揚雄斥之曰：「亂」（〈重黎篇〉）；《史記》則爲陳勝立世家，不沒其首事之功，是取其揭竿而起的歷史意義，與揚雄之評論不同。

・「或問嬴政二十六載，天下擅秦。」以「天」與「人」論六國，秦、楚、漢，興亡之故。他所說的天，是指「周建子弟」，以封建而得延長國祚。「六國蚩蚩，爲嬴弱姬，卒以屏營，嬴擅其政。」故言「天下擅秦。」秦「罷侯置守」而「項氏暴強，改宰侯王。」故曰「天下擅楚。」「有漢創業山南，發迹三秦，追項山東。」故而「天下擅漢。」此乃「天」也。他的所謂「人」，是指「兼才、尙權、右計、左數，動謹於時。」此乃「人」也。（〈重黎篇〉）揚雄論此太過於簡略，實不若《史記》在各〈本紀〉、〈世家〉中，以事實作客觀而具體之說明來得恰當。

·「或問楚敗垓下。」以「漢屈羣策，羣策屈羣力；楚憞羣策，而自屈其力。」揚雄論楚、漢興亡，實已見徵兆。「或問秦楚既爲天典命矣。」以「秦、楚彊閱震撲胎藉三正，播其虐於黎苗，子弟且欲喪之，況於民乎？況於鬼神乎？」以言秦、楚「興廢何速乎？」（〈重黎篇〉）句中「胎藉三正」是指「怠棄三正」而言；怠棄是不謹神祇與鬼之祭；三正指建子（周）、建丑（商）、建寅（夏），然「怠棄三正」語出《尚書·甘誓》，〈甘誓〉爲夏書，則何來子、丑？又何云三正？欒調甫先生以爲三正當指「天、地、人」三者，其說允當⓮。

·「或問義帝初矯，劉龕南陽，項救河北，二方分崩，一離一合，設秦得人如何？曰：人無爲秦也，喪其靈久矣。」（〈重黎篇〉）謂秦喪其威靈久矣，又且不通時變，秦地不復可得卒滅矣。

·「或問淳于越」、「或問茅焦歷井幹之死……蔡生欲安項咸陽……」（〈重黎篇〉）淳于越諫始皇不分封功臣子弟；茅焦諫始皇使親迎其毋；項羽欲東還下邳，蔡生諫說使都咸陽；等諫諍之語。李軌注以爲此乃「齠近虎牙言其殆也。」

·「或問甘羅之悟呂不韋，張辟強之覺平勃，皆以十二齡，戊良乎？曰：才也，戊良不必父祖。」（〈重黎篇〉）讚甘羅、張辟強各年十二，天才自然，發其神心，無假其父祖甘戊、張良也。

·「或問李斯盡忠，胡亥極刑，忠乎？」（〈重黎篇〉）責李斯以「焉用忠」，其非忠直也；《史記》引李斯「人之賢不

⓮ 見《古史辨》，第五册；欒調甫撰〈梁任公五行說之商榷〉一文，頁378～388。

肖，譬如鼠矣。」的小故事，寫出足以概括李斯一生的基本性格，最爲貞切。

・「或問蒙恬，忠而被誅，忠奚可爲也？曰：塹山堙谷，起臨洮，擊遼水，力不足而死有餘，忠不足相也。」（〈淵騫篇〉）揚雄以爲蒙恬雖盡一身之節，而殘百姓之命，非所以務民之義也。

・「或問呂不韋，其智矣乎？以人易貨；曰：誰謂不韋智者與，以國易宗，呂不韋之盜，穿窬之雄乎？……」（〈淵騫篇〉）揚雄責不韋爲穿窬之雄。

3.漢代歷史人物

・「公儀子、董仲舒之才之邵也，使見善不明，用心不剛，儔克爾。」（〈修身篇〉）公儀子不與民爭利，董仲舒下帷三年不窺園成通儒，此二子才德高美也。

・「或曰：淮南、太史公者，其多知與！曷其雜也。曰：雜乎？雜。人病以多知爲雜，惟聖人爲不雜。」（〈問神篇〉）揚雄將淮南與太史公並稱，蓋因在西漢時代，《淮南子》與《史記》，實爲最龐大的著作，不是其他著作可以比擬，可見揚雄對此著作的重視。

・「楚兩龔之絜，其清矣乎！蜀莊沈冥，蜀莊之才之珍也，不作苟見，不治苟得，久幽而不改其操。」（〈問明篇〉）兩龔乃楚人龔君賓（前68～前11）、龔長倩（前62～前6）也，當成、哀之世並爲諫大夫，王莽篡位之後，崇顯名賢復欲用之，兩龔稱疾遂終身不仕。蜀人莊，卽指嚴遵，其久幽而不改其操；此皆反映出揚雄當時欲隱不仕之心理。

·「韓信、黥布，皆劍立南面稱孤。」（〈重黎篇〉）揚雄以「無乃勿乎」加以批判，「勿」是「昏亂」的意思；並謂其「忠不終而躬逆。」

·「或問酈食其說陳留下敖倉……或問蒯通抵韓信不能下……」（〈重黎篇〉）批評酈食其與蒯通。

·讚美霍光「始元之初，擁少帝之微，摧燕上官之鋒，處廢興之分，堂堂乎忠，難矣哉!」（〈重黎篇〉）

·「或問馮唐面文帝」，謂文帝能用頗、牧之類，因而稱道文帝的「罪不孥，宮不女，館不新，陵不墳。」（〈重黎篇〉）

·「或問交，曰：仁。問餘、耳，曰：光初。竇、灌，曰：凶終。」（〈重黎篇〉）論及陳餘（? ～前 204）、張耳（? ～前 202）及竇嬰、灌夫之交誼問題。

·「或問季布，忍焉可爲也? 曰：能者爲之，明哲不爲也。或曰：當布之急，雖明哲如之何? 曰：明哲不終項仕，如終項士焉攸避。」（〈重黎篇〉）《史記》以季布「終爲漢名將」，而揚雄以不應避死責之。

·「或問臣自得」論及石慶、金日磾、張安世、丙吉爲自得，亦即自己謹厚獲知於主。「請問臣自失」論及李廣利、田廣明、韓延壽、趙廣漢爲自失。（〈重黎篇〉）

·「美行園公、綺里季、夏黃公、角里先生……」（〈淵騫篇〉）以「美行」評四皓；以「言辭」評婁敬、陸賈；以「執正」評王陵、申屠嘉；以「折節」評周昌、汲黯；以「守儒」評轅固、申公；以「災異」評董仲舒、夏侯勝、京房。

·「或問蕭、曹? 曰：蕭也規，曹也隨。滕、灌、樊、酈? 曰：俠介。叔孫通? 曰：槧人也。爰盎? 曰：忠不足而談有餘。

晁錯？曰：愚。酷吏？曰：虎哉！虎哉！角而翼者也。貨殖？曰：蚊。曰：血國三千，使捋疏飲水，褐博，沒齒無愁也。或問循吏？曰：吏也。游俠？曰：竊國靈也。佞幸？曰：不料而已。」（〈淵騫篇〉）揚雄批評了漢初的蕭規曹隨；滕公、灌嬰（？～前176）、樊噲、酈商四人前後輔夾高帝；叔孫通雜采秦儀以制漢儀，與古禮乖異，實不知禮者也；爰盎於景帝斬晁錯以謝七國，實挾私怨而不爲國也；晁錯不知進退存亡之義，卒被斬於東市。以下酷吏、貨殖、循吏、游俠、佞倖這些都是對《史記》所屬列傳中人物所作的批評。揚雄以「貨殖，曰：蚊」，認爲他們有如蚊蟲一般，吸引他人之血以自飽，是見貨殖對社會之剝削也。其餘各列傳人物之品評亦不同於《史記》之觀點。

・「或問近世社稷之臣」，舉張良「用行舍藏，功成身退」之智，陳平「內明奇畫，外無違悟」之無悟，周勃「誅諸呂立文帝」之果，霍光「處廢興無所懼」之勇，而謂仍須「終之以禮樂」則可謂社稷之臣矣。（〈淵騫篇〉）

・「或問公孫弘、董仲舒孰邇？」即言此二子之用心，誰近於聖人之道？揚雄評董仲舒「欲爲而不可得」，評公孫弘是「苟且求容而已」。（〈淵騫篇〉）

・「或問近世名卿」、「名將」，以張釋之、雋不疑、尹翁歸、王尊等人爲近世名卿；以周亞夫、衛青、霍去病等人爲近世名將。（〈淵騫篇〉）

・「張騫、蘇武之奉使也，執節沒身，不屈王命，雖古之膚使，其猶劣諸。」（〈淵騫篇〉）膚是「美」的意思，揚雄稱頌張騫、蘇武之功。

・「世稱東方生之盛也，言不純師，行不純表。其流風遺書，蔑如也。」揚雄並批評東方朔不配稱爲隱者，其下云：「或曰：隱者也。曰：昔之隱者，吾聞其語矣，又聞其行矣。或曰：隱道多端。曰：固也，聖言聖行，不逢其時，聖人隱也；賢言賢行，不逢其時，賢者隱也；談言談行，不逢其時，談者隱也。昔者，箕子之漆其身也，狂接輿之被其髮也，欲去而恐罹害者也，箕子之洪範，接輿之歌鳳也哉！ 或問東方生，名過實者何也？曰：應諧，不窮，正諫，穢德。應諧似優，不窮似哲，正諫似直，穢德似隱。請問名？曰：詼達，惡比。曰：非夷尙容，依隱玩世，其滑稽之雄乎！ 或問柳下惠非朝隱者歟？曰：君子謂之不恭。古者高餓顯，下祿隱。」（〈淵騫篇〉）

・「或問子蜀人也，請人，曰：有李仲元者，人也，其爲人也奈何？曰：不屈其意，不累其身……不夷不惠，可否之間也。」（〈淵騫篇〉）揚雄讚美李仲元爲「世之師也。」

徐復觀以爲「在以評論人物爲主的〈淵騫篇〉，由或曰淵騫之徒惡乎在開一篇之端，以蜀人李仲元爲一篇之殿，蓋所以寄其微尙；同時，他（揚雄）對其他勢利可以淡泊，但對名譽則看得很重……此蓋以淵騫之徒自居，而深悲身名之不顯。」⓯ 是知揚雄嘆己之懷才不遇矣！

三、反迷信：疾虛妄

西漢經學，雖奉儒家爲正統，然皆以陰陽災異說經。《漢書・董仲舒傳》云：「仲舒治國，以春秋災異之變，推陰陽所以

⓯ 同❽，頁542。

錯行，故求雨，閉諸陽，縱諸陰，其止雨反是；行之一國，未嘗不得所欲，中廢爲中大夫。」劉向亦西漢大儒，亦以陰陽災異說經，無異於董仲舒；《漢書·劉向傳》云：「淮南有枕中鴻寶苑祕書。……更生幼而讀誦，以爲奇。獻之，言黃金可成。」⑯西漢末年，讖緯流行，天人感應的思想與迷信瀰漫一時，至王莽時，更是變本加厲，《漢書·王莽傳》曰：「秋，遣五威將王奇等十二人，班《符命》四十二篇於天下，德祥五事，符命二十五，福應十二，凡四十二篇，其德祥言文宣之世，黃龍見於成紀、新都，高祖考王伯墓門梓柱生枝葉之屬。符命言井石、金匱之屬，福應言雌鷄化爲雄之屬，其文爾雅依託，皆爲作說，大歸言莽當代漢有天下云。」又曰：「至丙寅暮，漢氏高廟有金匱圖策：高帝承天命，以國傳新皇帝。明旦，宗伯忠孝侯劉宏以聞，乃召公卿議，未決，而大神石人談曰：趣新皇帝之高廟受命，毋留！於是新皇帝立登車，之漢氏高廟受命。」其假讖緯符命，災異怪誕之說不勝枚舉。在這樣的環境中，揚雄表現了獨立思考的精神，對天人感應的謬論，對於鬼神仙怪以及長生不死等迷信，都進行了一定程度的批判。文題以「疾虛妄」名之，言其欲疾世風之虛妄，其「疾」字如同荀子「非十二子」的「非」字，虛者不實，妄者不貞，誠後繼王充所謂：「《詩》三百，一言以蔽之，曰：思無邪。《論衡》篇以十數，亦一言也，曰：疾虛妄。」⑰揚雄對天人感應、讖緯符命、長生不死、鬼神仙怪等批評，其旨卽在「疾虛妄」也。

---

⑯ 見《漢書·卷三十六·列傳第六》。
⑰ 見《論衡·佚文篇》。

1.反對神仙怪誕之說

神仙之說爲秦、漢方士所盛倡，人主信之，臣下和之；而揚雄處於陰陽迷信盛行之際，對此神仙怪誕之說，勇爲是正，在《法言・君子篇》中，有人問究竟有沒有仙？揚雄答曰：「吁！吾聞伏羲、神農歿，黃帝、堯、舜殂落而死，文王畢，孔子魯城之北，獨子愛其死乎？非人之所及也，仙亦無益子之彙矣。」古先王無一人成仙，成仙非人力所能及，又問：「世無仙，則焉得斯語？」揚雄以爲「語乎者非囂囂也與？惟囂囂能使無爲有。」揚雄不承認神怪，他說「神怪茫茫，若存若亡，聖人曼云。」⑱正如同「子不語怪力亂神」⑲是也；另外《法言・先知篇》云：「先知其幾於神乎，敢問先知？曰：不知。」先知先覺的觀念始於孟子⑳，「是指以斯道覺斯民者，也就是周子《通書》『故先覺覺後覺，闇者求於明，而師道立矣』的意思，本沒有什麼迷信的成分。」㉑而及至揚雄之世，有人視先知幾近於神，其不以爲然，故曰：「不知」；此乃皆對當世流行神仙之說，予以鍼砭者也。

2.反對天瑞占星之說

天下遇旱，則向龍求雨，此乃信仰天人感應的時代所流行的

---

⑱ 見《法言・重黎篇》。
⑲ 見《論語・述而篇》。
⑳ 見《孟子・萬章篇》上。
㉑ 見韋政通《中國思想史》上册，臺北，大林出版社，民國六十九年十二月再版，頁516。

迷信，《法言・先知篇》云:「象龍之致雨也，難矣哉! 曰: 龍乎？龍乎?」揚雄駁斥董仲舒以土龍致雨的事。又〈五百篇〉云:「或問星有甘石，何如? 曰: 在德不在星。德隆則晷星，星隆則晷德也。」揚雄駁斥先秦以來所流行的占星術。又〈淵騫篇〉云:「樗里子之智也，使知國如葬，則吾以疾爲蓍龜。」秦昭王七年，樗里子卒，葬於渭南章臺之東，曰後百歲，是當有天子之宮夾我墓；至漢興，長樂宮在其東，未央宮在其西；「使知國如知葬」，樗里子爲秦相，未聞有所益於國，而獨以知葬聞，是其智不足稱也，故曰:「吾以疾爲蓍龜。」

3.反對五德終始之說

揚雄反對陰陽家五德終始之說；《法言・五百篇》云:「或問聖人占天乎? 曰: 占天地。若此，則史也何異? 曰: 史以天占人，聖人以人占天。」又〈重黎篇〉云:「或問黃帝終始? 曰: 託也。」漢初將鄒衍的五德終始說，推源於黃帝，揚雄認爲那不過是假託，並非事實。又云:「昔者姒氏治水土，而巫步多禹。扁鵲，盧人也，而醫多盧。夫欲讎僞者必假眞。禹乎? 盧乎? 終始乎?」又〈君子篇〉云:「或曰甚矣，傳書之不果也，曰: 不果則不果矣，又以巫鼓。」揚雄不僅駁斥當時流行甚盛的五德終始之說，且亦批駁了巫醫中的假傳，以陰陽家之言爲巫鼓也。

4.反對長生不死之說

揚雄強調生死自然，他不承認所謂長生不死的神仙，《法言・君子篇》云:「吾聞伏羲、神農歿，黃帝、堯、舜殂落而死，文王畢，孔子魯城之北，獨子愛其死乎? 非人之所及也。」

自古以來，無人不死，生死有其自然的規律。又云：「或問壽可益乎？曰：德。曰：回、牛之行，德矣！曷壽之不益也？曰：德故爾。如回之殘，牛之賊也，焉得爾。曰：殘賊或壽。曰：彼妄也。君子不妄。」又云：「有生者必有死，有始者必有終，自然之道也。」此以益壽之道，歸之於德；非形軀生命之死生延長之謂也，故生死自然。

5.反對無驗不實之說

揚雄主張「無驗而言之謂妄」，所以對不實之傳說，皆認其爲虛妄；《法言・問明篇》云：「或問堯將讓天下於許由，由恥，有諸？曰：好大者爲之也。顧由無求於世而已矣。」又〈五百篇〉云：「或問五百歲而聖人出，有諸？曰：堯、舜、禹，君臣也，而竝。文、武、周公，父子也，而處。湯、孔子數百歲而生。因往以推來，雖千一，不可知也。」好大者爲之也，可以解釋爲許多被誇大了的傳說，可見禪讓的故事造出來以後，故事中夾雜著許多不同的傳說，實並非一定爲眞也。而後句是強調有的時候，同時可以有幾個聖人，如：堯、舜、禹、文王、武王、周公等；有的時候，前後的聖人要相隔千年，如：商湯到孔丘；所以五百年出現一個聖人的說法是靠不住的，以此駁斥孟子「五百年必有王者興」之觀念也。

從以上所述，揚雄對於當時流行的迷信神仙、五德終始以及歷史傳說等之批判來看，其宗旨卽在「疾虛妄」，王充的哲學就在一定程度上受到這些思想的影響。

第八章　文學與思想評價

一、揚雄的文學觀

揚雄除了在《太玄》、《法言》兩部論著，表達了豐富的哲學思想外；另從《法言》書中亦可窺見其文學思想之一斑。揚雄的文學思想，在《法言》書中，雖僅一鱗半爪，然吉光片羽，亦足珍貴。劉勰（464～522）《文心雕龍・詮賦篇》云:

「漢初詞人，順流而作，陸賈扣其端，賈誼（前 200～前 168）振其緒，枚、馬同其風，王、揚騁其勢，臯、朔已下，品物畢圖。」

揚雄早年心儀司馬相如辭賦之弘麗溫雅，故常擬之以爲式，終能與相如齊名，而後世因之以辭賦家視之，若《昭明文選》於雄之賦篇，亦嘗備載焉。然雄才高辭贍，崇尚儒術，豈止一辭賦家而已！《文心雕龍・諸子篇》云:

「若夫陸賈《典語》，賈誼《新書》，揚雄《法言》，劉向《說苑》，王符《潛夫》，崔實《政論》，仲長《昌

言》，杜夷《幽求》，咸敍經典，或明政術，雖標論名，歸乎諸子。」❶

劉勰蓋以「博明萬事爲子，適辨一理爲論」者也；是知揚雄晚年，見解與早年之賦論大不相同，其純以儒家道學之觀點詆訐辭賦之文過其質，而《法言》一書所見之賦論，多爲其晚年見解。

揚雄早年之賦論，《法言・吾子篇》云：「或問：吾子少而好賦？曰：然。童子雕蟲篆刻。俄而曰：壯夫不爲也。」是知其早年論賦，深受司馬相如之影響，故重模擬❷，「嘗擬之以爲式」；而賦本來就是一種美文，其特質就如同司馬相如所謂的：「合纂組以成文，列錦繡而爲質，一經一緯，一宮一商，比賦之迹也。賦家之心，包括宇宙，總覽人物；斯乃得之於內，不可得而傳。」❸「纂組成文，錦繡爲質」是說賦的內在美，和外在的文采；作賦特別重視華美的文藻，其所以仰慕相如者，即其所作之賦「弘麗溫雅」之故也。更有進者，《漢書・揚雄傳》云其：「默而好深湛之思。」是揚雄作文章最重神思❹，所以其所作之賦，沒有不殫精熟慮的。

---

❶ 《史記・陸賈傳》、《漢書・陸賈傳》均以陸賈作《新語》，而未論《典語》，本文恐是彥和誤記。

❷ 見《漢書・揚雄傳》云：「嘗好辭賦，先是時，蜀有司馬相如，作賦甚弘麗溫雅，雄心壯之，每作賦，嘗擬之以爲式。」由此可見，揚雄的文學創作，首重模擬。又《太玄》仿《易》而作，《法言》象《論語》而譔，是亦重模擬也。

❸ 見《西京雜記》載司馬相如答盛覽問賦言。

❹ 見《文心雕龍・神思篇》曰：「古人云：形在江海之上，心存魏闕之下。神思之謂也。文之思也，其神遠矣。」

及至晚年，揚雄之思想大變，一反往昔好賦之情，而專守孔門之經教，主「徵聖」、「宗經」之論；《法言・吾子篇》云：「好書而不要諸仲尼，書肆也；好說而不要諸仲尼，說鈴也。君子言也無擇，聽也無淫，擇則亂，淫則辟，述正道而稍邪哆者有矣，未有述邪哆而稍正也。」是以無論著書立說，爲文作賦，務必要折衷於仲尼，徵驗於仲尼。《法言・問神篇》云：「言，心聲也。書，心畫也。聲畫形，君子小人見矣。聲畫者，君子小人之所以動情乎。」惟聖人能得言語、文字中之體要，故其發言成教，肆筆成典，以爲天下之法則。爲文既然要徵聖，自亦當應宗經；《法言・寡見篇》云：「或曰：良玉不雕，美言不文，何謂也？曰：玉不雕，璵璠不作器；言不文，典謨不作經。」文章法度自以宗經爲要，故「書不經，非書也；言不經，非言也。言書不經，多多贅矣。」❺揚雄既然主張「徵聖」、「宗經」，所以《法言》所載論賦之語，頗多微辭；《法言・吾子篇》云：「或曰：賦可以諷乎？曰：諷乎！諷則已；不已，吾恐不免於勸也。」由於作賦文過其質，不能達到諷諭的作用，所以揚雄將其視爲「童子雕蟲篆刻」，故「壯夫不爲也。」然爲文作賦當秉持何種理念行之？揚雄認爲，爲文應當文質兼顧，不僅是麗辭豔采而已；《法言・修身篇》云：「實無華則野，華無實則賈，華實副則禮。」又《法言・吾子篇》云：「或問君子尙辭乎？曰：君子事之爲尙。事勝辭則伉，辭勝事則賦，事辭稱則經，足言，足容，德之藻矣。」事和辭相稱，文質兼備，方能作爲德之藻飾。同時爲文亦當「尙用」，否則只是「辭人之賦麗以淫」，那是毫無

❺ 見《法言・問神篇》。

價值的；惟有發乎情、止於義，利於諷的「詩人之賦」，才可以爲天下之法則。班固《漢書·藝文志》云：「春秋之後，周道寖壞，聘問歌詠，不行於列國，學詩之士，逸在布衣，而賢人失志之賦作矣。大儒孫卿及楚臣屈原，離讒憂國，皆作賦以風，咸有惻隱古詩之義。其後宋玉、唐勒。漢興，枚乘、司馬相如，下及揚子雲，競爲侈麗閎衍之詞，沒有風諭之義。是以揚子悔之曰：詩人之賦麗以則，辭人之賦麗以淫，如孔氏之門用賦也，則賈誼登堂，相如入室矣。如其不用何？」卽推本揚子之見而爲之說耳。

揚雄之世，學術之文與文學之文尚未劃分，「當時對於文學觀念還不十分明確，所以揚雄之辭賦雖負盛名，然受時代之影響，仍不能脫離漢儒視文學爲學術的範疇，不過他的文學創作與批評的論斷，實爲中國有系統建立文學創作論與批評論之濫觴，這就是劉彥和作《文心雕龍》，往往取以爲法的原因。」❻

二、歷代對揚雄思想之評價

揚雄不論就其個人的人格與思想，在歷史上留給了後人正反兩面不同的評價，有的褒揚，有的貶抑，可以說是南轅北轍；桓譚之《新論》，王充的《論衡》，對揚雄之評價，咸認其可以入聖道；張衡（78～139）與崔瑗（77～142）書，班固傳贊亦對其稱道不已；陸績的《述玄》，范望的《太玄經注》，皆認其用功至深，覃思著《玄》；唐代韓愈，亦將揚雄擬做孟、荀之亞；而

❻ 見李鍌《中國歷代思想家·第二册·揚雄》，臺北，商務印書館，民國六十七年版，頁1245。

司馬溫公所閱歷史人物極多，惟獨垂青於揚雄，以爲其所潛最深，是見揚雄必有其特殊造詣處，俾使司馬溫公敬仰之；後曾鞏（1019～1083）、王安石（1021～1086）、眞德秀（1178～1235）、宋祁等有宋學者亦莫不讚其絕倫；明、清以降，胡應麟（1551～1602）之《少室山房筆叢》，劉申叔（1884～1919）之《漢宋學術異同論》等書文亦作了正面的評價；今人徐復觀的《揚雄論究》、韋政通論揚雄在思想上的價值，皆有其獨到之見解。然歷史上自從程子批評揚雄「蔓衍而無斷，優柔而不決。」接著蘇軾（1036～1101）亦評其「好爲艱深之辭，以爲淺易之說。」逮至朱子作《通鑑綱目》言：「莽大夫揚雄死。」至此以後，揚雄之人格與著作皆被後人所輕視了；宋之晁公武、王應麟（1223～1296）；明之顧炎武、張榜；清之章學誠（1738～1801）、張士元（？～1824）、唐晏、凌揚藻皆對其有所微詞；今人勞思光亦就哲學之觀點給予揚雄貶抑之評價，恩師　羅光則貶多於褒，馮友蘭則褒多於貶；以上對揚雄貶抑之學者亦各有持論也。今將各家之批評述錄於後，以茲比較。

1.褒揚之論

漢桓譚《新論》云：

> 「或問揚子雲何人耶？答曰：才智開通能入聖，漢興以來，未有此人也。國師子駿曰：何以言之？答曰：才通著書以百數，惟太史公廣大，其餘藂殘小論不能比之，子雲造《法言》、《太玄經》也，人貴所聞，賤所見，故輕易之，若遇上好事，必以《太玄》次五經也。」

又桓譚贊曰：「時大司空王邑、納言嚴尤聞雄死，謂桓譚曰：子嘗稱揚雄書，豈能傳於後世乎？譚曰：必傳。顧君與譚不及見也。凡人賤近而貴遠，親見揚子雲祿位容貌不能動人，故輕其書。昔老聃著虛無之言兩篇，薄仁義，非禮學，然後世好之者尚以爲過於五經，自漢文、景之君及司馬遷皆有是言。今揚子之書文義至深，而論不詭於聖人，若使遭遇時君，更閱賢知，爲所稱善，則必度越諸子矣。」❼

漢王充《論衡・超奇篇》云：

「近世劉子政父子、揚子雲、桓君山。其猶文、武、周公，並出一時也。……揚子雲作《太玄經》，造於眇思，極窅冥之深，非庶幾之才，不能成也。孔子作《春秋》，二子作兩經，所謂卓爾蹈孔子之跡，鴻茂參貳聖之才者也。王公子問於桓君山以揚子雲，君山對曰：漢興以來，未有此人，君山差才，可謂得高下之實矣。」

漢班固《漢書・揚雄傳》云：

「《法言》大行，而《玄》終不顯。」又後漢班固傳贊云：「淵哉若人，實好斯文，初擬相如，獻賦黃門，輟而覃思，草《法》纂《玄》，斟酌六經，放《易》象《論》，

❼ 見《漢書・揚雄傳》。

潛於篇籍，以章厥身。」

漢張衡與崔瑗書云:

「吾觀《太玄》，方知子雲妙極道數，乃與五經相擬，非徒傳紀之屬，使人難論陰陽之事，漢家得天下二百歲之書也。復二百歲，殆將終乎？所以作者之數，必顯一世，常然之符也。漢四百歲，《玄》其興矣！」❽

吳陸績《述玄》云:

「雄受氣純和，韜眞含道，通敏叡達，鈎深致遠，建立《玄》經，與聖人同趣，雖周公繇《大易》，孔子修《春秋》，論其所述，終身不能盡其美也，考之古今，宜曰聖人。」

晉范望《解贊》云:

「揚子雲處前漢之末，值王莽用事，身繫亂世，遜退無由，是以朝隱官爵不徙，昔者文王屈抑而繫《易》，仲尼當衰周而述《春秋》，爲一代之法，以彰聖人之符，子雲志不申顯，於是覃思，耦《易》著《玄》，其道以陰陽爲本，比於庖犧之作，事異道同，福順禍逆，無有主名，桓譚謂之絶倫，張衡以擬五經，非諸子之疇也。」

---

❽ 見《後漢書・張衡傳》。

文中子中說〈天地篇〉云:

「或問揚雄、張衡，子曰: 古之振奇人也，其思苦，其言艱。曰: 其道何如? 子曰: 靖矣。」

唐韓愈〈答李翊書〉云:

「揚子或曰玄何爲，曰: 爲仁義，曰: 孰不爲仁，孰不爲義，曰: 勿雜也而已矣，其皆醇也然後肆焉，揚子聖人肆筆而成書。」

又〈與馮宿論文書〉云:

「其時桓譚亦以爲雄書勝老子，此尚不可謂之知，子雲豈止與老子爭彊而已乎? 」

又〈讀荀子〉云:

「始吾讀孟軻書，然後知孔子之道尊，聖人之道易行，王易王，霸易霸，以爲孔子之徒沒，尊聖人者，孟氏而已。晚得揚雄書，益尊信孟氏，因雄書而孟氏益尊，則雄者亦聖人徒與……其存而醇者，孟軻氏而止耳，揚雄氏而止耳。……孟氏醇乎醇者也，荀與揚大醇而小疵。」❾

❾ 見《韓昌黎文集》。

宋司馬溫公〈說玄〉云:

「揚子雲眞大儒者邪，孔子旣沒，知聖人之道者，非子雲而誰? 孟、荀殆不足擬，況其餘乎! 」

又〈揚子法言集註〉云:

「孟子好《詩》、《書》，荀子好《禮》，揚子好《易》，古今之人，共所宗仰，如光之愚，固不敢議其等差，然揚子之生最後，監於二子而折衷於聖人，潛心以求道之極致，至於白首然後著書，故其所得爲多，後之立言者莫能加也，雖未能無小疵，然其所潛心深矣，恐文公之所云，亦未可以爲定論也。孟子之文，直而顯；荀子之文，富而麗；揚子之文，簡而奧，其簡而奧也，故難知，學者多以爲諸子而忽之。」

宋宋祁〈揚雄贊〉云:

「卓哉子雲，爲漢儒師，準《易》、《論語》，同聖是非，百家濃淫，我獨正聲，譎怪縮藏，孔道光明，歆也致訾，謂抵醬蒙，惟譚有言，必傳無窮，劇秦詭辭，恨死新時，曰漢中天，果不吾欺。」

宋曾鞏〈答王深甫論揚雄書〉云:

「雄遭王莽之際，有所不得去，又不必死，辱於仕莽而就之，固所謂明夷也，然雄之言，著於書傳，著於史者可得而考，不去非懷祿也，不死非畏死也，辱於仕莽而就之，非無恥也，在我者亦彼之所不能易也，故吾之所謂與箕子合者如此。」

宋王安石《詩集・卷三十二》謂揚子云:

「儒者陵夷此道窮，千秋只有一揚雄，當時薦口終虛語，賦擬相如卻未工。」

宋眞德秀《西山文集》云:

「揚子默而好深湛之思，故其言如此，潛之一字，最宜玩味，天惟神明，故照知四方，惟精粹故萬物作，覩人心之神明精粹，本亦如此，惟不能潛，故神明者昏，而精粹者雜，不能燭理而應物也。」

張俞〈揚子雲贊〉云:

「子雲潛眞，與聖合神，龍隱其德，鳳耀其文，譔《法》著《玄》，統貫天人，道德之首，譚稱絶倫。」

明胡應麟《少室山房筆叢》云:

「自昔博學而擅文辭者，公孫僑，……揚雄。」

劉申叔《漢宋學術異同論》引邵子曰:

「落下閎改顓頊曆爲太初曆，揚子雲準太初而作《太玄》，凡八十一首九分共三卦，凡五隔四分之，則四分當一卦，卦氣始于中孚，故首中卦。又云子雲旣知曆法，又知曆理，又云子雲作《太玄》，可謂知天地之心矣，又邵子詩云若無揚子天人學焉有莊生內外篇，此皆邵子推崇子雲之證也。」

徐復觀於〈揚雄論究〉一文中云:

「假定講漢代思想史而不及揚雄，我覺得便沒有掌握到兩漢思想演變的大關鍵。……在班固的〈傳贊〉中也已說得清清楚楚，恬於勢利乃若是，這是揚雄出汚泥而不染的人格的表現，朱元晦實不足以知之。……儘管《太玄》這一大系統，在知識上是虛假的，但他運思的旣精且密，不是西方許多形而上學家中的本體論者所能企及；所以不應因其知識的虛假性，而否定揚雄此一辛勤工作在思想史上的意義。……《法言》中的觀點有無價值，是另一問題；但首先應指出的是，他的觀點皆是出於他的認識所及，而不是像許多西漢人的著作，多來自輾轉抄襲，這是在西漢的著作體裁中，也有劃時代的意義。《法言》所涉及的範圍頗廣，但大體上，都表現出他的個性與學術的特色。」

馮友蘭於《中國哲學史》論揚雄云:

「此等古文經學家對於當時思想界之貢獻，爲掃除今文經學家非常可怪之論，使儒家學說與陰陽家學說離開，其貢獻爲消極的；至於在積極方面，則此派經學家，殊不如其在消極方面之大也。揚雄在積極方面雖無甚新見，然其結兩漢思想之局，開魏晉思想之路，自哲學史之觀點言，則須述此人之思想。……於《太玄》，而揚雄能持《老》、《易》之自然主義的宇宙觀及人生觀，實可謂爲有革命的意義。……自哲學之觀點言之，揚雄之造詣，實遠不逮孟子；然闢陰陽家之言，使儒家之學與之分離，雖古文經學家之共同工作，然揚雄能在思想方面，有有系統之表現，就歷史之觀點言，揚雄亦自有其在歷史上之地位。」

韋政通於《中國思想史》論揚雄在思想上的價值云:

「由陰陽五行的繁衍帶來的長期的文化污染，經《法言》一掃而空，《法言》化神爲心，認爲人心其神矣乎，操則存，舍則亡。人心雖神妙難測，但仍操之在人，又恢復了人的主宰性。……但他在自覺地提倡一種重人的精神，以促使天人感應的法天精神的轉化，這一點是極爲明顯的。……從《太玄》到《法言》，探討的範圍和討論的問題有極大的轉變，但所透露的智性心態卻是一貫的，這一點他自己有充分的自覺……。」

2.抑揚之論

宋程子云:

「揚子無自得者也，故其言蔓衍而無斷，優柔而不決，其論則曰：人之性善惡混，蓋雄規矩狹窄，道即性也，言性已錯，更何所得。」

又云:

「漢儒之中，吾必以揚子雲爲賢，然於出處之際，不能無過也，其言曰：明哲煌煌，旁燭無疆，孫于不虞，以保天命，孫于不虞則有之，旁燭無疆則未也，光武之興，使雄不死，能免誅乎，觀於朱泚之事可見矣，古之所謂言遜者，迫不得已，如〈劇秦美新〉之類，非得已者乎。」

宋蘇軾〈答謝民師書〉云:

「揚雄好爲艱深之辭，以爲淺易之說，若正言之，則人人知之矣，此正所謂雕蟲篆刻者，其《太玄》、《法言》皆是類也，而獨悔於賦何哉？終身雕篆，而變其音節，便謂之經可乎。屈原作〈離騷〉經風雅之再變者，雖與日月爭光可也，可以其似賦而謂之雕蟲乎？使賈誼見孔子升堂有餘矣，而乃以賦鄙之，至與司馬相如同科，雄之陋如此，比者甚眾，因論文偶及。」

宋朱熹《朱子語錄》云:

「揚子爲人思沉，會去思索，如陰陽消長之妙，只是去推求，然《太玄》亦拙底工夫……其學本似老氏，如清靜淵默等語，皆是老氏意思。」

又《朱子全書》云:

「宋玉、相如、王褒、揚雄之徒，則一以浮華爲尙，而無實之可言，雄之《太玄》、《法言》，蓋亦長楊、校獵之流，而粗變其音節，初非實爲明道講學而作也。」

又《通鑑綱目》云:

「莽大夫揚雄死。」

宋晁公武《郡齋讀書記》云:

「雄之學自得者少，其言務擬聖人，靳靳然若影之守形，旣鮮所發明，又往往違其本指，正古人所謂畫者謹毛而失貌者也。」

宋王應麟《困學紀聞》引蘇老泉〈太玄論〉云:

「疑而問，問而辨，問辨之道也，揚雄之《法言》，辨乎其不足問也，問乎其不足疑也，求聞於後世，而不待其有得，君子無取焉。」

明張榜《法言纂》云:

「《法言》非宋儒之所謂僭擬《論語》，而孔氏之門之懿莽乎哉! 雖然綱目之據春秋，直以曉算術解陰陽，故著《太玄經》爲數子所惑耳，其遺言餘行，孫卿、屈原之不及，安敢望大聖之清塵，且《太玄》今竟何用乎? 不啻覆醬瓿而已。」

明顧炎武《日知錄》云:

「老氏之學，所以異乎孔子者，和其光，同其塵，此所謂似是而非也，〈卜居〉、〈漁父〉二篇盡之矣，非不知其言之可從也，而義有所不當爲也，子雲而知此義也〈反離騷〉其可不作矣，尋其大指，生斯世也，爲斯世也，善斯可矣，此其所以爲莽大夫與。」

《漢書藝文志考證》引胡氏曰:

「《論語》乃孔門弟子記諸善言，誠有是人相與問答也，《法言》則假借問答以則《論語》，且又淺近特甚，有不必問，不必答，不必言者。」

清章學誠《文史通義》經解下云:

「異學稱經以抗六藝，愚也，儒者僭經以擬六藝，妄也。……佛老之書，本爲一家之言，非有綱紀政事，其徒欲尊其教，自以一家之言，尊之過於六經，無不可也。強加經名以相擬，何異優伶效楚相哉！亦其愚也。揚雄、劉歆，儒之通經者也，揚雄《法言》，蓋云時人有問，用法應之，抑亦可矣，乃云象《論語》者，抑何謬邪，雖然，此猶一家之言，其病小也。其大可異者，作《太玄》以準《易》，人僅知謂僭經爾，不知《易》乃先王政典而非空言，雄蓋蹈於僭竊王章之罪，弗思甚也。」

清張士元《揚雄論》云:

「逮莽篡位奪璽，肆大惡於天下，雄猶不去而仕莽，又爲之揄揚其美，則雄非清靜寂寞，不求顯達於二姓之臣也，退之好其文並重其人，稱爲聖人之徒不亦過乎！……士大夫出處常變之際，當爲孔休，龔勝、陳咸，毋爲揚雄斯可矣，區區文章之高下，不足論矣。」

清唐晏《兩漢三國學案》云:

「子雲爲學最工於擬，故賦則擬相如，《太玄》則擬《周易》，《法言》則擬《論語》，計其一生所爲，無往非擬，而問子雲之所以自立者無有也，故其晚節失身賊莽，正其不能自立之所致也，後之人可以知所戒矣。」

清凌揚藻《蠡勺編》引全紹衣云:

「荀子醇疵相間，然不可謂非孟子而下一人，故《史記》孟荀全傳，可謂有見。揚子之學，出於老氏，其源流本殊，而粉飾之以孔氏，故荀子之參差於孟子，自是其病，而亦正是其本色所在，不肯附會。揚子摹擬諸經，乃其摹擬司馬相如作賦之餘技，其中無得，蓋揚子之學，其於老氏亦淺，須知得老子之道者，漢初莫如張良，是以老氏之學成經濟；次之則汲黯，是以老氏之學成氣節；又次之則東陵侯蓋公之徒；是以老氏之學，善其進退存亡於一身，最下斯爲揚子，其流極便是馮道，何可與荀子爭軒輊也。」

勞思光於《中國哲學史・卷二》論揚雄云:

「揚雄表面上以儒家自居，但其立說則忽近於儒，忽近於道；又揚雄原不主讖緯之說，但自己理論亦每每不免受陰陽五行說之影響；蓋揚雄本非一合格之哲學家，既不能深切了解儒道之本旨，又不能自己立說；故其書雜亂空虛，至爲可笑。……以儒者自居，而昧於孔、孟之本旨，談道談易，又不歸於道家，亦不純持宇宙論立場；此是揚雄思想之概圖，亦漢代儒生之一般趨勢所在也。」

恩師　羅光於《中國哲學思想史·兩漢篇》稱揚雄云:

「揚雄在中國哲學思想史上，可以聊備一格；因爲他的《太玄》自成一種玄想，和司馬光的《潛虛》，邵雍的《皇極經世》，周敦頤的《太極圖說》，以及『河圖』、『洛書』，算是中國宇宙論的一套觀念。但是《太玄》僅只是一種架子，套上了漢朝的陰陽家的術語，內容則空洞 。《法言》一書則不成一格了，只是重複了孔子、孟子和漢儒的共同思想，沒有多加發揮。所可看重的，則是他離開了陰陽家的途徑，回到了儒家的經書。揚雄所特出的，還是他的辭賦，在中國文學史上有他的地位。」

恩師的論點，可以說是貶抑多於褒揚也。

第九章　揚雄思想的時代意義

中華文化以儒學爲主流，而儒學是以羣經來作爲它的主幹；截至清末以前，國人莫不尊之以爲「內聖外王」之學；惟自民初以來，儒家傳統多被揚棄；或以傳統之社會受僵化的禮制桎梏太深，或以東西漸通傳統儒學無法因應新局；而欲求中國之科學與民主，必先打破經學，自此，經學乃發生根本之動搖；而今日檢視民初之文化運動，固有其過當之處，然亦由於說經者往往泥於古，而不肯面對新的環境和思想以調整其觀念，倡導新思想者亦不肯誠心加以檢討所致。時至今日，政府播遷來臺四十餘年，各項建設，均以配合經濟之發展爲主要任務，教育成爲追求利益之幫傭，功利思想日濃一日，而人文精神幾已消失殆盡；目前臺灣社會道德淪喪、人倫敗壞，政治名位人人汲營，經濟瀰漫著投機的風氣，其病根卽在急功近利，缺乏人文精神所致。而今日欲求中國之革新，不僅須吸收西方文化之精華，更應重建中華文化，並賦予時代之意義，使中華文化眞正能歷久而彌新，然後可卓然立於世界矣!

揚雄思想秉持一貫之人文精神，從人性出發，由人性本質之確認，而建立良好的人倫道德規範；以人文陶冶，一方面講求心性的修養，一方面也致力於知識的追求。因著人性善惡混，「修其善則爲善人，修其惡則爲惡人。」揚雄拈了個「修」字，以期登於聖境；而中國哲學最值稱道處卽在於能「悟」的時候，同時亦能「修」，亦卽不僅重視理論而同時也要能實踐；如果學問的本身不能透過實踐去表顯，這個學問是毫無意義的；君不見宋末士人，遇有國家危難，無法救亡圖存時，就跳海了卻一生，實無補於國家之危亡；因此，「平時束手談心性，臨危一死報君王」，這正說明了學問本身沒有通過理論到達實踐的工夫；無怪乎明崇禎皇帝曾嘆曰：「朕雖爲亡國之君，滿朝盡皆亡國之臣。」可見當學問不能透過理論實踐結合時，那學問是空洞的，所以吾人當坐而言，起而行，《論語》云：「學而不思則罔，思而不學則怠。」在思、學的過程中應是並進的。因著知識的追求，揚雄在其思想中，有其自我之使命感，其對泥古之五經博士系統，提出了嚴厲之批評，主張爲學當先博而後約；是知，學問之道，由博而約，在歷史上有其自然發展之趨勢，就吾人之求學方法言，今之人亦當講求博而約，雖生於現代的人，不可妄想身通六藝，但是亦不要故步自封的鑽在牛角尖裡做所謂「專門」之研究，至少我們要注意到我們所求的知識是否有「人化」之可能，學問並不是爲了急功近利，而是「無所爲而爲之」的一種活動；揚雄「宗經」乃在希冀於五經中以求得人生立足之地，而博士系統的人，只是爲了利祿，實足可鄙。揚雄爲人，生性恬淡，不慕名利，少有嗜欲，旣「不汲汲於富貴」，亦「不戚戚於貧賤」，正可以爲今之求浮名、貪功利之人的法式；要知人生於世，在整個生命歷程中，一切之努力，應該是爲了充實自我生命的主體，使自我感覺到無愧、無怍、無負與無虛；而不是爲了換取各種不同程度的讚美和虛名，人一旦以名利爲其夙興夜寐之思想中心時，則不獨其憒憒終日，漸失自我；抑且逐漸昧於道德之仰望，畢生從事於分裂自我人格的愚行，在傾圮的意志中，終至完全喪失良知和信念；一個力行於自我良知信念之人，往往從一種默默而爲的行爲準則中，去踐履人生之義務與責任，非徒攫取利祿而無俾益社會者也。

言必有驗，「無驗而言之謂妄」，有驗之言亦卽是與事實相符合之言辭，而效驗的要求正所以揚雄追求知識與眞理之依據；有驗之言，除了須與事實相合者外，尤當以理性分析來做其基礎；一般而言，一個人除了理性之外，還有感性與情欲，理性是吾人認識外在事物獲得眞理所必須者，感性有其領域，情欲亦自有其領域，每個各有其功能。可是眞理的要求是需要理性的，如果一個人不能養成理性分析，則其所獲得之知識必也虛妄不實。人在知識的獲得上，絕對不能否定掉我們經驗知識的重要性，而經驗是來自感覺的，可是感覺經驗所給我們的是個別、具體的，它並沒有經過理性的抽象作用，使其成爲普遍的原理、原則，而普遍性正符合眞理的要求。同時吾人亦應明瞭，感覺的知識，對我們而言並不見得可靠，它經常欺騙我們，老子云：「五色令人目盲，五音令人耳聾，五味令人口爽，馳騁畋獵令人心發狂。」可見感覺的追逐對個人來說，如果沒有透過理性分析，沒有徵驗，它的認知是會錯的或是不够清晰的。當然在我們整個的認知過程中，感覺可提供我們做爲理性分析、判斷基礎或者材料，但重點則在理性的認知與眞理的要求；人們的理性知識應是發自內心的一種良知，譬如：什麼是合乎仁，什麼是合乎義，什麼是合乎禮、智，人以此四端之心，什麼樣的合乎它，是人本身內在就有的，只要稍微做個理性判斷，就能理解該如何去做。就現代社會而言，社會事物非常的複雜，碰到的情況千變萬化，不像過去的傳統社會，所碰到的人、事、物都非常地固定，活動的範圍非常的狹窄，一個人由小到大，社會極易助其形成一套現成而固定之反應，亦卽在傳統之社會中，吾人僅須養成一種習慣，固定之行爲模式卽可；如今之社會，變遷迅速，社會不能樣樣都給你現成的訓練，養成現成的行爲，而是須靠你自己運用頭腦，冷靜地去做理性的分析和判斷，也惟其如此，方能獲得所謂的眞理。

揚雄主張命定之說，以命受之於天，非人力所爲，如此之觀念，深值檢討與反省。是知，吾人立身於世當確立操之在我的態度，操之在我並非我是一個萬能者，亦不是說我可以取代天或地，而是如何的在努力之過程中讓我們有更多的能力來幫助自我，幫助別人，進而幫助社會、國家。而操之在我乃如何自「外控態度」走向「內控態度」的一種自我掌握；在傳統社會中，許多社會的、政治的、宗教的、物理的環境因素，是吾人之個人力量所無法克服、改變或對抗者，因此容易養成遷就環境、遷就現實，養成隨遇而安的心理狀態；然今日社會則不同，如何將傳統社會中之消極性行爲化爲積極性行爲，實乃現代人所應把握者。如何達成操之在我的觀念？那就是要突破外在環境的約束，走向一種內在自我可以控制欲求之狀態；何謂外控的態度？卽指吾人之禍福、前途等，受外在因素之控制，諸如命運、環境、運氣等因素，人們常假藉這些影響到我，因而受到挫折或未來禍福前途常委諸於命，此乃一般所謂宿命論。若人生長在富裕之家則言命好，試問若生於窮困之家則命惡乎？實不盡然；吾人應學習的是愈在困難之環境中，愈求上進，時時反省，創造一更好之環境，不當凡事委諸於命；而各種不同對命之看法，就把握而言，或有正確，或有偏激；然自以命不善則無可奈何？那人之存在價值就毫無意義了。

揚雄一本反迷信、疾虛妄之責任，以力求破除當時世風之弊，實足今人法式；其借用道家「自然主義」之理論，否定了當時流行的天人感應、神仙怪誕之說，對後來的王充有很大的啟發；漢代的天人感應主要是在政治上對皇帝而言，災異增強了對皇帝的壓力；以中國幅員之大，可以隨時都有災異之發生，災異一出現，人臣便藉此與皇帝敍說一番，由是影響了兩漢之政治；揚雄就是想藉著自然天道觀把感應災異之說打倒，使得政治不為其所左右；惟有領導者行仁政、施德治、尊尚賢、重禮樂、行教化、明法度，才是為政之道。而依中國歷史言之，西漢初年「復古更化」，含有立教化、整風俗，創政制、開國體之兩面，故富於建構性與綜合性；而揚雄講學於政治生活，立教化移風俗一面，付出了極大之心力而倡行之；是知，仁義之道德種籽，必先植於教化，然後始能發情性，啟良知，致明辨，今之在位者能不以此為圭臬乎？然苟教化不興，則良知魯昧，不能別是非，辨善惡，明忠奸，不旋踵苟義虛仁之風大行於天下，舉世滔滔，遂令眞正之道德榮光，蒙塵積垢，而無所燭照，今之在位者又豈能不以此為戒乎？

揚雄早年論《賦》，中年草《玄》，晚年定《法言》，歷經一生；所談論之內容上至天文，下至地理，中及人事；凡是古今之變，性命之理，經傳嫌疑，習俗是非，人才臧否，他沒有不澄心留意地加以一一論定；其所撰論著，雖非風雨名山之業，金匱石室之書，但在我國學術史上，亦可謂千載之盛事，不朽之事業；因此其著作立言，承志繼業，蹈孔、孟之跡，闡發先聖先賢之學，實具深遠之意義與影響耳。

揚雄年表❶

漢宣帝甘露元年戊辰（前53）

揚雄出生。

字子雲，蜀郡（四川）成都人。史稱雄之先，出自周伯僑者，以支庶初食采於晉之揚，因氏焉，揚在河、汾之間，周衰而揚氏或稱侯，號曰揚侯；會晉六卿爭權，韓、魏、趙興而范、中行、知伯弊；當是時，偪揚侯，揚侯逃於楚巫山，因家焉；楚漢之興也，揚氏遡江上，處巴江州；而揚季官至廬江太守；漢元鼎間避仇復遡江上，處峪山之陽曰郫，有田一壥，有宅一區，世世以農桑爲業，自季至雄，五世而傳一子❷。

漢元帝初元五年丁丑（前44）

六月，以貢禹爲御史大夫，罷鹽鐵官常平倉，及博士弟子員數人，數月卒，天子以其子爲郎，官至東郡都尉。郅支單于殺漢使西奔康居。

---

❶ 本年表主要參考藍秀隆先生著《揚子法言研究・揚雄年譜》，臺北，文津出版社，民國七十八年四月版，頁5～15。另參考湯炳正先生編《揚子雲年譜》，論學第四至七期，民國二十六年四至六月印行。

❷ 見《漢書・揚雄傳》。

漢元帝建昭五年丁亥（前34）

先是雄在蜀，嘗作〈蜀都賦〉、〈蜀王本紀〉、〈逐貧賦〉，以極其山川地理人物之實，又錄歷代帝王紀傳，備敍其後。按：〈逐貧賦〉有：「揚子遯居，離俗獨處，左鄰崇山，右接曠野。」、「人皆文繡，余褐不完，人皆稻粱，我獨藜飧。」「身服百役，手足胼胝，霑體露肌。」之句。《全漢文》蓋時方居蜀，貧苦耕作，從事於勞農生活也。又〈蜀王本紀〉有：「宣帝地節中，始穿鹽井數十所。」之說，然是否年二十，未敢必也。

漢成帝陽朔元年丁酉（前24）

雄作〈反離騷〉，自峪山投諸江流以弔屈原，又旁〈離騷〉作重一篇，名曰〈廣騷〉；又旁〈惜誦〉以下至〈懷沙一卷〉，名曰〈畔牢愁〉。按：〈反離騷〉有：「漢十世之陽朔兮，招搖紀于周正。」之語；晉灼曰：「十世數高祖，呂后至成帝也。成帝八年乃稱陽朔。」應劭曰：「招搖，斗杓星也，主天時。周正，十一月也。」蘇林曰：「言己以此時弔屈原也。」故繫此。

漢成帝元延元年己酉（前12）

初，雄年四十餘，自蜀來至游京師，大司馬車騎將軍王音奇其文雅，召以爲門下吏，荐雄待詔，歲餘，奏〈羽獵賦〉，除爲郎，給事黃門，與王莽、劉歆並。

漢成帝元延二年庚戌（前11）

正月，雄從上甘泉，還奏〈甘泉賦〉以風；三月，將祭后土，上乃帥羣臣橫大河，湊汾陰，還，上〈河東賦〉以勸；十二月，復從羽獵，聊因作〈校獵賦〉以風。是年雄除爲郎，給事黃門。按：〈成帝紀〉云：「元延二年，春正月，行幸甘泉，郊泰畤。三月，行幸河東，祠后土。多，行幸長楊宮，從胡客大校獵，宿萯陽宮，賜從官。」故繫之於此。

漢成帝元延三年辛亥（前10）

揚雄上〈長楊賦〉。「明年，上將大誇胡人以多禽獸，秋，命右扶風發民入南山，西自褒斜，東至弘農，南敺漢中，張羅罔罝罘，……雄從至射熊館，還，上〈長楊賦〉，聊因筆墨之成文章，故藉翰林以為主人，子墨為客卿以風。」❸

漢成帝元延四年壬子（前9）

亡其二男。按：桓譚《新論》云：「比歲亡其二男，哀痛之，皆持歸葬於蜀，以此困乏。」則童烏之卒，蓋元延三、四年間事。

漢成帝綏和二年甲寅（前7）

揚雄作〈趙充國頌〉及〈酒箴〉。《漢書·趙充國傳》云：「成帝時，西羌嘗有警，上思將帥之臣，追美充國，乃召黃門郎揚雄，即充國圖畫而頌之。」又《漢書·陳遵傳》云：「先是黃門郎揚雄作〈酒箴〉，以諷諫成帝，……遵大喜之，常謂張竦：吾與爾猶是矣。……」此二傳均未著年代，特附之於成帝末也。

漢哀帝建平元年乙卯（前6）

劉向卒，年七十二。《漢書·劉向傳》劉歆為侍中太中大夫，遷騎都尉、奉車光祿大夫，貴幸。復領五經，卒父前業。旋以忤執政大臣，為眾儒所訕，懼誅，求出補吏，為河

---

❸ 同上。

內太守。以宗室不宜典三河，徙守五原，後復轉在涿郡，歷三郡守。會哀帝崩，王莽持政，莽少與歆俱爲黃門郎，重之。初，歆以建平元年改名秀，字穎叔。及王莽篡位，劉歆爲國師。

漢哀帝建平二年丙辰（前5）

四月，對詔問災異；按《漢書・五行志》云：「御史大夫朱博丞相，少府趙玄爲御史大夫，臨延登受策，有大聲如鐘鳴，殿中郎吏陛者皆聞焉。上以問黃門侍郎揚雄、李尋，尋對曰：〈洪範〉所謂鼓妖者也。……揚雄亦以爲鼓妖，聽失之象也，朱博爲人彊毅，多權謀，宜將不宜相，恐有凶惡亟疾之怒。」〈哀帝紀〉云：「丞相博、御史大夫玄、孔鄉侯晏有罪。博自殺，玄減死二等論，晏削戶四分之一。」

漢哀帝元壽元年己未（前2）

揚雄草《太玄》，作〈解嘲〉、〈解難〉、〈太玄賦〉。《漢書・揚雄傳》云：「哀帝時，丁、傅、董賢用事，諸附離之者或起家至二千石。時雄方草《太玄》，有以自守。泊如也。或嘲雄以玄尚白，而雄解之，號曰〈解嘲〉。……客有難《玄》太深，眾人之不好也，雄解之，號曰〈解難〉。」另作〈太玄賦〉皆在此時也❹。

漢哀帝元壽二年庚申（前1）

上書諫匈奴單于請來朝。《漢書・匈奴傳》云：「上由是難

---

❹ 見《西京雜記》述〈太玄賦〉之寫作云：又雄于《玄》用思甚苦，嘗夢吐白鳳集玄上，久之而滅，或曰無爲自苦，故難傳，當時儒士，劉歆、張竦輩雖與雄善，獨于《玄》弗好也，雄知時人所好在彼，不在此，乃作〈太玄賦〉以自況。

之，以問公卿，亦以爲虛費府帑，可且勿許，單于使辭去，未發，黃門郎揚雄上書諫……書奏，天子寤焉，召還匈奴使者，更報單于書而許之。賜雄帛五十匹，黃金十斤。」六月，帝崩于未央宮。

漢平帝元始元年辛酉（西曆紀元）

羣臣奏言大司馬莽功德比周公，賜號「安漢公」。莽少與歆俱爲黃門郎，重之，白太后，留歆爲右曹太中大夫。雄爲黃門郎。

揚雄撰《法言》，可能在此時開始或稍晚幾年，按《法言・孝至篇》有「周公以來，未有漢公之懿也，勤勞則過於阿衡。」之語，王莽以元始元年號曰安漢公，是篇之作，必在平帝元始之後，但也可能是在新莽始建國以後的一、二年。〈孝至篇〉又云:「漢興二百一十載，而中天其庶矣乎。」又《漢書・王莽傳》云:「莽乃策命孺子曰：咨爾嬰，昔皇天右乃太祖，歷世十二，享國二百一十載，曆數在于予躬。」之語。以史考之，前漢起高帝己未，至平帝乙丑，凡二百一十年，是揚雄著此文，以見漢祚中絕之由，徵事立言，意在誅莽，所謂「正名之義，嚴於斧鉞也。」又桓譚《新論》云:「或問揚子雲何人耶？答曰才智開通能入聖，漢興以來，未有此人也，國師子駿曰何以言之，答曰……子雲造《法言》、《太玄經》也……。」

漢平帝元始四年甲子（西元 4 年）

揚雄作〈訓纂篇〉；《漢書・藝文志》云:「至元始中，徵天下通小學者以百數，各令記字於庭中。揚雄取其有用者以作〈訓纂篇〉，順續〈蒼頡〉，又易〈蒼頡〉中重復之字，凡八十九章。」

漢平帝元始五年乙丑（西元 5 年）

冬十二月，安漢公莽臘日進椒酒，置藥酒中弒帝，太皇太后詔徵宣帝玄孫，爲孺子嬰，又詔莽居攝踐祚。

漢孺子嬰居攝元年丙寅（西元 6 年）

三月，立宣帝玄孫嬰爲皇太子，號曰孺子；五月，太皇太后詔莽朝見，稱假皇帝。

揚雄作〈州箴〉、〈百官箴〉❺。

漢孺子嬰居攝二年丁卯（西元 7 年）

九月，東郡太守翟義起兵討莽，不克死之。莽依《周書》作《大誥》。

新室初始元年戊辰（西元 8 年）

十一月，太皇太后詔莽，其號令天下，天下奏言事，毋言「攝」，以居攝三年爲初始元年；御王冠，即眞天子位，定有天下之號曰：「新」。

新莽始建國元年己巳（西元 9 年）

春正月，王莽廢孺子嬰爲定安公，以王舜爲太師，平晏爲太傅，劉歆爲國師，哀章爲國將。

新莽始建國二年庚午（西元10年）

揚雄投天祿閣。

---

❺ 揚雄作〈州箴〉，乃見王莽當時居攝踐祚，有篡奪漢祚之勢，故作〈州箴〉十二首，布告州牧，以冀其勤王之意。又作〈百官箴〉，乃揚雄見是時滿朝盡皆王莽之黨羽，無有一人忠於漢者，於是作〈百官箴〉以警之，使其顧名思義也。是知揚雄的〈州箴〉、〈百官箴〉，皆意在借各州中的歷史興亡之跡，各官典守之常，以盡諷諫之義；較之四賦，文字典實而富有政治意義。

《漢書·揚雄傳》云:「莽既以符命自立，卽位之後，欲絕其原，以神前事，而豐子尋，歆子棻復獻之。莽誅豐父子，投棻四裔，辭所連及，便收不請。時雄校書天祿閣上，治獄使者來，欲收雄，雄恐不能自免，乃從閣上自投下，幾死。」

新莽始建國五年癸酉（西元13年）

春二月，新室文母皇太后崩；三月，合葬渭陵。王莽詔大夫揚雄作誄曰:「太陰之精，沙麓之靈，作合於漢，配元生成。」「漢廢黜廢，移定安公，皇皇靈祖，惟若孔臧。」其言亦無阿倚。

新莽天鳳元年甲戌（西元14年）

揚雄以病免，復召爲大夫。投閣以後，時人爲之語曰:「惟寂寞，自投閣；爰淸靜，作符命。」

揚雄作〈劇秦美新〉一文。王莽旣稱新帝，誅殺任意，上書頌德者，多至數十萬人，揚雄爲朝廷聞人，旣不言符命，然不可以默，乃奏〈劇秦美新〉一篇，觀其序首稱諸吏中散大夫，自是謝其復召大夫之命也。但劇秦之慘酷，而美諸新，待新猶秦，名美實惡之耳。

新莽天鳳四年丁丑（西元17年）

揚雄作《方言》。

按《四庫全書總目提要》云:「《漢書》於雄傳備列所著之書，不及《方言》一字，《藝文志》亦惟小學有雄〈訓纂篇〉，儒家有雄所序三十八篇，注云至漢末應劭《風俗通義》序始稱好《方言》，乃治正凡九千字。又劭注《漢書》引揚雄《方言》一條，是稱雄《方言》，實自劭始。今考雄答歆書云云，疑雄本有此未成之書，歆借觀而未得，故《七略》不載，《漢志》不著錄。」

新莽天鳳五年戊寅（西元18年）

揚雄卒，年七十一；弟子侯芭爲其負土作墳，號曰「玄塚」。

劇秦美新疑議❶

揚雄處前漢之末，值王莽篡漢，身縶亂世，不能潔身遠引，而依違濡忍，降志新室，卒遺後世譏議，故宋朱晦庵作《通鑑綱目》，特書「莽大夫揚雄死」以貶之，由是後人往往鄙夷不道；然則，亦有慕雄文采，並重其人，而多方爲之回護辯解者也。

〈劇秦美新〉一文，不見《漢書・揚雄傳》，惟《文選》載之，宋王介甫以爲谷子雲作，明人焦竑從之，謂雄至京見成帝年四十餘，自成帝建始改元至天鳳五年，計五十有二歲，以五十二合四十餘，已近百年，則與所謂年七十一卒者，相牴牾矣。又王音薨永始二年，則雄來必在永始之前，是云雄爲延於莽年者妄也。近人多主其說，爲雄訟枉，今《四庫總目提要》已證其謬矣。且谷子雲卒年距莽篡位時十有七年，亦未可以誣也。又清胡玉縉《許廎學林・文選劇秦美新書後》又云:「蓋劉棻之爲也。」以爲劉棻嘗從雄學作奇字，復獻符命，雄不知情，見雄無美新之事，惟總莫之徵也。考美新序首稱諸吏中散大夫，自是謝其投閣病免，復召爲大夫之命也，且其文詞之溢美，與新室〈元后誄〉同，誄文載在班書，使美新之文，嫁之他人，則〈元后誄〉亦僞耶？是〈劇秦美新〉固爲雄作者也。

---

❶ 錄自藍秀隆先生著《揚子法言研究・劇秦美新疑議》以供參考。臺北，文津出版社，民國七十八年四月版，頁220～223。

雄論秦之劇，稱新之美，而後人爲之洗寃回諱者尙多有之，宋曾子固〈答王深甫論揚雄書〉云：「美新之文，則非可已而不已者也，若可已而不已，則鄉里自好者不爲，況若雄者乎？且較其輕重，辱於仕莽爲重矣，雄不得已而已，則於其輕者，其得已哉！箕子者至辱於囚奴而就之，則於美新安知其不爲而爲之，亦豈有累哉。不曰堅乎，磨而不磷，不曰白乎，涅而不緇，顧在我者如何耳，若此者孔子所不能免，故於南子非所欲見也，於陽虎非所欲敬也，見所不見，敬所不敬，此《法言》所謂詘身所以伸道者也，然則非雄所以自見者歟。」因謂雄之仕莽，合於箕子之明夷。宋洪邁《容齋隨筆》亦云：「夫誦述新莽之德，止能美於暴秦，其深意可知矣；序所言『配五帝，冠三王，開闢以來未之聞也。』眞以戲莽爾，使雄善爲諛佞，撰符命，稱功德，以邀爵位，當與國師公同列，豈固窮如是矣。」亦謂雄不得已而作。又淸吳汝綸〈讀文選符命〉云：「吾尤惜劇美典引在放依相如之意，而世乃病其摭實，而目之曰諛，夫此數子者，文采志意，蓋皆望孔子爲依歸，而後關諸百世，其自處審矣，安有中材不屑爲，獨冒不韙，不顧輕妄，作文字諛人者哉。……天下之事非一端，君子之處亂世，亦不必皆出於一涂，要以潔身不爲利，立意較然而已，子雲當王莽時，著書盛稱楚兩龔蜀莊，而身顧不欲效之，又居貧自守，無徒黨不能爲劉崇翟義所爲，而所爲詘身信道，載而之乎萬世者，又非苟而託也。……蓋竊取春秋之義，以舒憤懣於當時，而待後世之識者，雖以此誅夷鼎鑊而不悔之，豈直微文刺譏，且若相如之封禪死而乃上者比哉。」亹亹然力辯雄不枉實以諛人，美新爲不自得於時之所爲作也。凡此諸說，或矜其文辭，而爲之申理湔雪也。至如《文選》劇秦美新李充翰林論云:「王莽潛移龜鼎,子雲進不能辟戟丹墀,亢辭鯁議,退不能草玄虛室,頤性全眞,而反露才以耽寵,詭情以懷祿,素餐所刺,何以加焉。」詆其忍恥而阿諛露才。清張士元〈揚雄論〉云:「逮莽簒位奪璽,肆大惡於天下,雄猶不去而仕莽,又爲揄揚其美,則雄非淸靜寂寞,不求顯達於二姓之臣也,退之好其文,稱爲聖人之徒,不亦過乎。」亦顯訾符命之作。清章學誠《校讎通義》云:「子雲心儀老氏,聰明才學,使人可欲者多,則不免雉羅之患,而淡泊寧靜,不自義方,敬直中來,卽隱微私,猶存不能臨危難而授義命也。」亦以臨難不能捨生就義譏之。

平心論之,莽卽稱新,性喜誑耀,頌功德者,遍海內,又何在乎〈美新〉一頌,雄祿隱僞朝,已是大辱,奈何曲辭揄揚,貽笑後人,顧惜身命,妄作文字自衒貢諛人,非苛論也!後儒,無庸代其回護,亦無庸代其澡雪也,抑區區於此竊有妄言焉,平時不知氣節之可貴,世亂乃知之,此司馬溫公與朱子所以立論各異也。然而,世或以雄遭國難,未能殺身遂義責之者,實則雄之仕漢,官不過執戟,職不過校書,卽效一死何補於漢,但退隱全節可也,馴至仕莽,蓋其修德未善,出處之際,不能無差者耶?雖然,〈美新〉之文,固諛莽之辭乎?夫以秦莽並稱,誦莽功德而止美於暴秦,本非褒辭。且其文曰:「帝王之道,兢兢乎不可離也,夫能貞而明之者,窮祥瑞,回而昧之者,極妖愆,上覽古在昔,有憑應而尙缺,焉壞徹而能全,故若古者稱堯舜,威侮者陷桀紂,況盡汛掃前聖數千載功業,專用己之私,而能享祐者哉。」❷徵事立言,以諷切莽之謬稱典文,改制妄作,委心積慮,掩飾

❷ 見蕭統(501～531)《昭明文選》所錄揚雄〈劇秦美新〉一文,臺北,東華書局,民國六十三年版,頁677～681。

盜竊，亡秦之不足喻也。是雄雖洪溷仕莽，然其忠君之心，故國之思，固未嘗或忘也， 或謂雄「露才耽寵， 詭情懷祿」者，其然，豈其然乎。

參考書目

(一)

太玄經　揚雄撰、司馬光注　四部備要，中華書局，1966。

法言　揚雄撰、李軌注　四部備要，中華書局，1966。

揚子法言五臣注　世德堂本。

法言義疏　汪榮寶　世界書局，1981。

(二)

十三經注疏　臺北，藝文印書館，1977。

說文解字注　許愼　臺北，漢京文化事業有限公司，1980。

(三)

史記　司馬遷　臺北，鼎文書局，1977。

漢書　班固　臺北，鼎文書局，1976。

後漢書　范曄　臺北，史學出版社，1974。

西京雜記　劉歆撰、葛洪輯　臺灣，商務印書館，1983。

華陽國志　常璩　臺北，世界書局，1959。

隋書經籍志　長孫無忌　臺灣，商務印書館，1983。

郡齋讀書志　晁公武　臺灣，商務印書館，1983。

四庫全書總目提要　紀昀　上海，商務印書館，1933。
書目答問　張之洞　臺北，新興書局，1963。
中國近三百年學術史　梁啟超　臺北，中華書局，1978。
古史辨　顧頡剛等編　臺北，明倫出版社，1970。

(四)

老子道德經注　王弼　臺北，世界書局，1978。
南華眞經正義　陳壽昌　臺北，新天地書局，1972。
墨子　墨翟　臺北，中華書局，1969。
荀子集解　王先謙　臺北，世界書局，1962。
春秋繁露　董仲舒　臺北，中華書局，1966。
淮南子　劉安　臺北，中華書局，1974。
新論　桓譚　臺灣，商務印書館，1983。
論衡　王充　臺北，中華書局，1966。
風俗通義　應劭　臺灣，商務印書館，1983。
申鑒　荀悅　臺灣，商務印書館，1983。
困學紀聞　王應麟　臺灣，商務印書館，1956。
容齋隨筆　洪邁　臺灣，商務印書館，1983。
文史通義　章學誠　臺北，國史研究室，1973。
日知錄　顧炎武　臺北，世界書局，1981。
兩漢三國學案　唐晏　臺北，世界書局，1962。
經籍纂詁　阮元　臺北，明倫出版社，1970。
越縵堂讀書記　李慈銘　臺北，世界書局，1961。
諸子平議　俞樾　臺北，世界書局，1962。
讀書雜志　王念孫　臺北，廣文書局，1971。

太玄闡祕　陳本禮　聚學軒叢書21册。
漢學師承記　江藩　臺灣，商務印書館，1965。
宋學師承記　江藩　臺灣，商務印書館，1965。
經學通論　皮錫瑞　臺北，河洛圖書出版社，1974。
經學歷史　皮錫瑞　臺北，藝文印書館，1959。
劉申叔先生遺書　劉師培　臺北，大新書局，1965。
諸子通考　蔣伯潛　臺北，正中書局，1961。

（五）

文選注　李善　臺北，世界書局，1962。
文心雕龍　劉勰　臺北，弘道文化事業有限公司，1976。
韓昌黎全集　韓愈　臺北，新興書局，1970。
朱文公文集　朱熹　商務印書館，1980。
朱子語類　黎靖德編　臺北，漢京文化事業公司，1980。
二程全書　程顥、程頤　中文出版社，1979。
全漢文　嚴可均　臺北，世界書局，1972。

（六）

揚子法言研究　藍秀隆　臺北，文津出版社，1989。
揚雄·中國歷代思想家　李鍌　臺灣，商務印書館，1978。
秦漢思想研究　黃錦鋐　臺北，學海出版社，1979。
揚雄論究·兩漢思想史　徐復觀　臺北，學生書局，1985。
兩漢哲學　周紹賢　臺北，文景書局，1972。
先秦兩漢之陰陽五行學說　李漢三　臺北，維新書局，1981。
中國人性論史　徐復觀　臺灣，商務印書館，1969。

兩漢魏晉之道家思想　陶建國　臺北，文津出版社，1986。
中國哲學原論原性篇　唐君毅　九龍，新亞書院，1968。
中國哲學思想史·兩漢篇　羅光　臺北，學生書局，1985。
中國哲學史　勞思光　香港，崇基書店，1971。
中國哲學史　馮友蘭。
中國思想史　韋政通　臺北，大林出版社，1980。
中西知識學比較研究　張振東　臺北，中央文物供應社，1983。
中國政治思想史　蕭公權　臺北，文大出版部，1980。
中國哲學史新編　馮友蘭　北京，人民出版社，1980。
中國思想通史·第二卷　侯外廬主編　北京，人民出版社，1957。
中國古代哲學問題發展史　方立天　北京，中華書局，1990。
中國哲學史　北京大學哲學系編　北京，中華書局，1980。
歷代名人生卒年表　梁廷燦　臺灣，商務印書館，1970。
歷代名人年譜總目　王寶先　臺中，東海大學出版，1965。
歷代名人年里碑傳總表　姜亮夫　臺灣，商務印書館，1970。

（七）

漢代察舉制度考　勞幹　中研院史語所集刊第17期。
陰陽五行學說究原　戴君仁　大陸雜誌第37卷第8期。
揚雄學術思想之體系　李鍌　師大國文學報創刊號。
揚雄的儒家思想　李鍌　孔孟學報第31期。
揚雄之文學觀　李周龍　孔孟月刊第19卷第2期。
性善性惡的反省與檢討：漢儒的人性論　鄔昆如　臺大哲學論評第12期。

人名索引

〔6〕

〔7〕

〔8〕

〔9〕

〔10〕

〔11〕

〔12〕

〔13〕

〔14〕

〔15〕

〔17〕

〔18〕

名詞索引

〔2〕

〔3〕

〔4〕

世界哲學家叢書(八)

書　　名	作　　者	出版狀況
諾　錫　克	石　元　康	撰　稿　中
羅　　蒂	范　　進	撰　稿　中
馬　克　弗　森	許　國　賢	排　印　中
希　　克	劉　若　韶	撰　稿　中
尼　布　爾	卓　新　平	已　出　版
馬　丁・布　伯	張　賢　勇	撰　稿　中
蒂　里　希	何　光　滬	撰　稿　中
德　日　進	陳　澤　民	撰　稿　中
朋　諤　斐　爾	卓　新　平	撰　稿　中

世界哲學家叢書(七)

書名	作者	出版狀況
克羅齊	劉綱紀	撰稿中
布拉德雷	張家龍	撰稿中
懷德黑	陳奎德	撰稿中
玻爾	戈革	已出版
卡納普	林正弘	撰稿中
卡爾巴柏	莊文瑞	撰稿中
柯靈烏	陳明福	撰稿中
穆爾	楊樹同	撰稿中
弗雷格	趙汀陽	撰稿中
維根斯坦	范光棣	撰稿中
愛耶爾	張家龍	撰稿中
賴爾	劉建榮	撰稿中
奧斯丁	劉福增	已出版
史陶生	謝仲明	撰稿中
赫爾	馮耀明	撰稿中
帕爾費特	戴華	撰稿中
魯一士	黃秀璣	排印中
珀爾斯	朱建民	撰稿中
詹姆斯	朱建民	撰稿中
杜威	李常井	撰稿中
奎英	成中英	撰稿中
帕特南	張尚水	撰稿中
庫恩	吳以義	撰稿中
拉卡托斯	胡新和	撰稿中
洛爾斯	石元康	已出版

世界哲學家叢書(六)

書名	作者	出版狀況
布倫坦諾	李河	撰稿中
韋伯	陳忠信	撰稿中
卡西勒	江日新	撰稿中
雅斯培	黃藿	已出版
弗洛依德	陳小文	撰稿中
胡塞爾	蔡美麗	已出版
馬克斯・謝勒	江日新	已出版
海德格	項退結	已出版
高達美	張思明	撰稿中
漢娜鄂蘭	蔡英文	撰稿中
盧卡契	謝勝義	撰稿中
阿多爾諾	章國鋒	撰稿中
馬爾庫斯	鄭湧	撰稿中
弗洛姆	姚介厚	撰稿中
哈伯馬斯	李英明	已出版
柏格森	尚新建	撰稿中
皮亞杰	杜麗燕	撰稿中
馬利丹	楊世雄	撰稿中
馬賽爾	陸達誠	已出版
梅露・彭廸	岑溢成	撰稿中
阿爾都塞	徐崇溫	撰稿中
列維納	葉秀山	撰稿中
德希達	張正平	撰稿中
呂格爾	沈清松	撰稿中
富科	于奇智	撰稿中

世界哲學家叢書(五)

書名	作者	出版狀況
蒙田	郭宏安	撰稿中
斯賓諾莎	洪漢鼎	已出版
萊布尼茲	陳修齋	撰稿中
培根	余麗嫦	撰稿中
霍布斯	余麗嫦	撰稿中
洛克	謝啟武	撰稿中
巴克萊	蔡信安	已出版
休謨	李瑞全	排印中
托馬斯·銳德	倪培林	撰稿中
伏爾泰	李鳳鳴	撰稿中
孟德斯鳩	侯鴻勳	排印中
盧梭	江金太	撰稿中
帕斯卡	吳國盛	撰稿中
康德	關子尹	撰稿中
費希特	洪漢鼎	撰稿中
黑格爾	徐文瑞	撰稿中
叔本華	劉東	撰稿中
祁克果	陳俊輝	已出版
彭加勒	李醒民	撰稿中
費爾巴哈	周文彬	撰稿中
恩格斯	金隆德	撰稿中
馬克思	洪鎌德	撰稿中
約翰彌爾	張明貴	已出版
狄爾泰	張旺山	已出版
史賓格勒	商戈令	已出版

世界哲學家叢書(四)

書　　名	作　　者	出版狀況
伊藤仁齋	田原剛	撰稿中
山鹿素行	劉梅琴	已出版
山崎闇齋	岡田武彥	已出版
三宅尚齋	海老田輝巳	排印中
中江藤樹	木村光德	撰稿中
貝原益軒	岡田武彥	已出版
荻生徂徠	劉梅琴	撰稿中
安藤昌益	王守華	撰稿中
富永仲基	陶德民	撰稿中
石田梅岩	李甦平	撰稿中
楠本端山	岡田武彥	已出版
吉田松陰	山口宗之	已出版
福澤諭吉	卞崇道	撰稿中
岡倉天心	魏常海	撰稿中
中江兆民	華小輝	撰稿中
西田幾多郎	廖仁義	撰稿中
和辻哲郎	王中田	撰稿中
三木清	卞崇道	撰稿中
柳田謙十郎	趙乃章	撰稿中
柏拉圖	傅佩榮	撰稿中
亞里斯多德	曾仰如	已出版
聖奧古斯丁	黃維潤	撰稿中
伊本・赫勒敦	馬小鶴	已出版
聖多瑪斯	黃美貞	撰稿中
笛卡兒	孫振青	已出版

世界哲學家叢書(三)

書名	作者	出版狀況
智旭	熊琬	撰稿中
章太炎	姜義華	已出版
熊十力	景海峰	已出版
梁漱溟	王宗昱	已出版
金岳霖	胡軍	已出版
張東蓀	胡偉希	撰稿中
馮友蘭	殷鼎	已出版
唐君毅	劉國強	撰稿中
賀麟	張學智	已出版
龍樹	萬金川	撰稿中
無著	林鎮國	撰稿中
世親	釋依昱	撰稿中
商羯羅	黃心川	撰稿中
維韋卡南達	馬小鶴	撰稿中
泰戈爾	宮靜	已出版
奧羅賓多·高士	朱明忠	撰稿中
甘地	馬小鶴	排印中
拉達克里希南	宮靜	撰稿中
元曉	李箕永	撰稿中
休靜	金煐泰	撰稿中
知訥	韓基斗	撰稿中
李栗谷	宋錫球	排印中
李退溪	尹絲淳	撰稿中
空海	魏常海	撰稿中
道元	傅偉勳	撰稿中

世界哲學家叢書(二)

書名	作者	出版狀況
朱舜水	李甦平	排印中
王船山	張立文	撰稿中
眞德秀	朱榮貴	撰稿中
劉蕺山	張永儁	撰稿中
黃宗羲	盧建榮	撰稿中
顧炎武	葛榮晉	撰稿中
顏元	楊慧傑	撰稿中
戴震	張立文	已出版
竺道生	陳沛然	已出版
眞諦	孫富支	撰稿中
慧遠	區結成	已出版
僧肇	李潤生	已出版
智顗	霍韜晦	撰稿中
吉藏	楊惠南	已出版
玄奘	馬少雄	撰稿中
法藏	方立天	已出版
惠能	楊惠南	排印中
澄觀	方立天	撰稿中
宗密	冉雲華	已出版
永明延壽	冉雲華	撰稿中
湛然	賴永海	已出版
知禮	釋慧嶽	排印中
大慧宗杲	林義正	撰稿中
袾宏	于君方	撰稿中
憨山德清	江燦騰	撰稿中

世界哲學家叢書㈠

書名	作者	出版狀況
孟子	黃俊傑	已出版
老子	劉笑敢	撰稿中
莊子	吳光明	已出版
墨子	王讚源	撰稿中
淮南子	李增	已出版
賈誼	沈秋雄	撰稿中
董仲舒	韋政通	已出版
揚雄	陳福濱	已出版
王充	林麗雪	已出版
王弼	林麗眞	已出版
嵇康	莊萬壽	撰稿中
劉勰	劉綱紀	已出版
周敦頤	陳郁夫	已出版
邵雍	趙玲玲	撰稿中
張載	黃秀璣	已出版
李覯	謝善元	已出版
王安石	王明孫	撰稿中
程顥、程頤	李日章	已出版
朱熹	陳榮捷	已出版
陸象山	曾春海	已出版
陳白沙	姜允明	撰稿中
王廷相	葛榮晉	已出版
王陽明	秦家懿	已出版
李卓吾	劉季倫	撰稿中
方以智	劉君燦	已出版